DER MENSCH
IN DER DIGITALEN
TRANSFORMATION

————

GRUNDLAGEN- UND ARBEITSBUCH

2., aktualisierte Auflage

AF189476

Inga Knoche | Nico Lüdemann

IMPRESSUM

Bibliografische Information der Deutschen Nationalbibliothek:
Die Deutsche Nationalbibliothek verzeichnet diese Publikation in der Deutschen Nationalbibliografie; detaillierte bibliografische Daten sind im Internet über **dnb.dnb.de** abrufbar.

2., aktualisierte Auflage 2020
© Inga Knoche, Nico Lüdemann
bluecue consulting GmbH & Co. KG
August-Schroeder-Str. 4, 33602 Bielefeld
www.bluecue.de
Herstellung und Verlag: BoD – Books on Demand, Norderstedt
ISBN: 978-3-7504-2251-3
Layout und Umschlaggestaltung: A14, Mülheim an der Ruhr

INHALTSVERZEICHNIS

INHALTSVERZEICHNIS

DIE DIGITALISIERUNG SOWIE DIE SICH AUS DER IMMER WEITER FORTSCHREITENDEN TECHNISIERUNG ERGEBENDE DIGITALE TRANSFORMATION MIT IHREN UNTERNEHMERISCHEN, POLITISCHEN UND GESELLSCHAFTLICHEN KONSEQUENZEN SIND DIE BESTIMMENDEN THEMEN DER LETZTEN JAHRE. SEI ES IN DEN MEDIEN, IN POLITISCHEN ODER SOZIOÖKONOMISCHEN DISKUSSIONEN ODER DEM MARKETING VON IT-KONZERNEN – AN DIGITALISIERUNG KOMMT NIEMAND VORBEI.

Und zweifelsohne ist es so, dass sich die Möglichkeiten der digitalen Welt immer stärker in unser privates und berufliches Leben schieben: Freunde organisieren ihre Treffen über Whats-App oder Facebook, Bücher und Tageszeitungen werden auf Tablets gelesen und selbst Lebensmitteleinkäufe erfolgen heute vermehrt per Onlinebestellung bei Amazon. Die vernetzte Welt ist bereits seit vielen Jahren in unserem Alltag angekommen – oftmals zunächst still und schleichend, nichtsdestoweniger jedoch mit einer selten gesehenen Konsequenz.

Immer häufiger hört man in Gesprächen Aussagen wie **MAN KANN SICH JA GAR NICHT MEHR VORSTELLEN, WIE WIR DAS FRÜHER OHNE DAS INTERNET GEMACHT HABEN.** Wir haben unser Leben und unsere Gewohnheiten massiv auf diese neuen Möglichkeiten hin angepasst, leben und erwarten Flexibilität und **SELF-SERVICE** – im Onlinehandel wie am Geldautomaten oder an der Selbstbedienungskasse bei IKEA.

Wo diese Entwicklungen aber anscheinend bisher nur in sehr kleinem Maße angekommen sind, das ist in der Arbeitsrealität der überwiegenden Masse der Arbeitnehmer. In vielen Büros und Werkstätten wird nach wie vor noch gearbeitet wie vor 50 Jahren – vielleicht etwas schneller, weil der PC die Schreibmaschine ersetzt hat, aber trotz allem mit den gleichen Prozessen, den gleichen Ausbildungsgängen und der gleichen Art der Personalführung.

Genau an dieser Stelle treten die große Herausforderung und das tragische Dilemma unserer Zeit zu Tage: Der Mensch als **KONSUMENT** nutzt und forciert Anbieter, die die bisherige Wertschöpfung seines Arbeitgebers massiv attackieren. Gleichzeitig ist er als **ARBEITSKRAFT** gebunden in einem System, das für die notwendige Innovationskraft – und somit das Überleben des Unternehmens – nicht förderlich ist. Und so kommt es, dass Unternehmen und Mitarbeiter wechselseitig auf den anderen warten und darauf hoffen, dass **DER FUNKE DER DIGITALISIERUNG** sich entfacht und neue Möglichkeiten der Wertschöpfung für Erfolg und Zukunftsfähigkeit sorgen.

Die Wahrheit ist aber, dass eine wirkliche digitale Transformation nicht von einer Seite allein vorangetrieben werden kann. Die sich hieraus ergebenden Herausforderungen, Anforderungen und Konsequenzen benötigen das Zutun aller: Der Unternehmen, der Mitarbeiter und unserer gesamten Gesellschaft, die durch den politischen und sozialen Rahmen in der Gesetzgebung, dem Bildungssystem und vielen weiteren Bereichen den Boden für diese Entwicklung bereiten muss.

Das vorliegende Buch kann hierbei nicht den Anspruch haben, alle Aspekte umfassend zu beleuchten und Antworten auf alle wesentlichen Fragestellungen geben zu können. Es soll vielmehr zum Verständnis anregen, eine eigene Standortbestimmung ermöglichen und Perspektiven für mögliche nächste Schritte aufzeigen, wie Menschen in Unternehmen die Herausforderungen der Digitalisierung meistern können – um von den Möglichkeiten nachhaltig zu profitieren.

Durch zahlreiche Präsentationen, Diskussionsrunden und nicht zuletzt konstruktive Gespräche mit Vertretern aller Interessengruppen in den vergangenen zwei Jahren wurden in der vorliegenden zweiten Auflage dieses Buches viele Aspekte aktualisiert, weiter geschärft und ergänzt, damit es auch heute noch ein aktueller Beitrag zu diesem so wichtigen Themenfeld ist.

Inga Knoche & Nico Lüdemann
Dezember 2019

DIGITALISIERUNG IM MITTELSTAND

Mittlerweile dürfte es sich bis in die letzten Ecken der Republik herumgesprochen haben, und auch die Politik hat verstanden: An der Digitalisierung führt kein Weg vorbei. Die Wirtschaft ist hier schon weiter. Denn die Unternehmen wissen schon längst, dass sie nur mit der richtigen Digitalisierungsstrategie auch in Zukunft international wettbewerbsfähig bleiben. Mit der digitalen Transformation der Wirtschaft und Gesellschaft stehen die Unternehmen aber auch vor einem fundamentalen Wandel. Insbesondere die kleinen und mittleren Unternehmen in Deutschland und Europa sehen sich großen Herausforderungen, aber auch Chancen gegenüber. Diese digitale Transformation ist von stetigen Fortschritten und interessanten Entwicklungen geprägt.

Allerdings lässt die aktuelle Ausgangssituation sogar Optimisten zweifeln, ob die Aufholjagd gelingen kann. Vergleichen wir den Fortschritt der Digitalisierung, sind die USA 16-mal weiter als Deutschland, China ist bereits jetzt viermal so weit. Tendenz steigend. Betrachtet man die Investitionsdichte, welche bei Zukunftstechnologien entscheidend ist, wird die Diskrepanz noch deutlicher.

MITTELSTAND ALS SCHLÜSSEL ZUM ERFOLG

Welche Trümpfe bleiben Deutschland für die Zukunft? Es sind vor allem die Vorteile der Vergangenheit, die uns bislang stark gemacht haben und auf die wir uns auch weiterhin verlassen können. Made in Germany ist weltweit Platz auf 1 bei den Gütesiegeln. Noch immer kommen 50 Prozent aller Hidden Champions, also heimlicher Weltmarktführer, aus dem deutschen Mittelstand. Der Mittelstand fungiert nach wie vor als Innovations- und Wachstumsmotor der deutschen Wirtschaft, unsere Klein- und Mittelbetriebe (KMU) bilden mehr als acht von zehn jungen Menschen eines Jahrgangs im einzigartigen dualen Ausbildungssystem aus. Deshalb liegt im digitalisierten Mittelstand der Schlüssel zum Erfolg und die Zukunft unseres Wohlstandes.

Damit die Digitalisierung nicht nur im deutschen Mittelstand überall ankommt, sondern die deutsche Wirtschaft auch ihrer Vorreiterrolle weiterhin gerecht werden kann, müssen alle Akteure an einem Strang ziehen und sich gegenseitig unterstützen. Damit meine ich die Wirtschaft in Gestalt von KMU und Großkonzernen, aber auch die Politik auf Landes- und Bundesebene sowie insbesondere die Wissenschaft, repräsentiert durch anwendungsorientiert forschende Institute und Universitäten.

Das Digitalisierungszeitalter hat gerade erst begonnen. Noch stehen die Chancen für Deutschland gut, Rückstände aufzuholen. In einzelnen Bereichen könnten wir dank des innovativen Mittelstands schon bald zur Weltspitze aufschließen, sogar die technologische Führung übernehmen. Dazu zählen Blockchain, eHealth, Umwelttechnik, Mobilität sowie eGovernment, selbst künstliche Intelligenz.

Deutschlands Stärken sind seine mittelständisch geprägte Wirtschaft, eine in weiten Teilen funktionierende Verwaltung und ein hocheffizienter Forschungssektor. Alle Akteure in diesen Bereichen müssen besser zusammenspielen, damit wir das digitale Potenzial voll ausschöpfen können.

DER MENSCH IM MITTELPUNKT

Bei diesem Zusammenspiel gilt vor allem eins: Nicht Angst vor, sondern Freude auf. Diese Maxime sollte auch für die Digitalisierung gelten. Das gilt insbesondere in Bezug auf das Zusammenwirken von Menschen im digitalen Zeitalter. Die Digitalisierung gerät oft in Verruf, Menschen auszugrenzen, Arbeitsplätze zu vernichten oder gar die Kommunikation weg vom Persönlichen zu verändern. Genau das Gegenteil ist der Fall! Bei der Digitalisierung steht der Mensch sogar im Mittelpunkt.

IM DETAIL: DIE DEUTSCHE VOLKSWIRTSCHAFT BESITZT DIE DRITTHÖCHSTE ROBOTERDICHTE DER WELT UND HAT DENNOCH EINEN NEUEN BESCHÄFTIGUNGSREKORD AUFGESTELLT.

Negative Effekte überschatten oftmals die Chancen der Digitalisierung, statt diese für gegenseitige und aufeinander aufbauende positive Effekte zu nutzen. Genau darauf sollte aber der Fokus liegen. Neue Automatisierungsansätze der Industrie 4.0 und aus dem Bereich der künstlichen Intelligenz setzen gezielt auf die Kombination spezifischer menschlicher und maschineller Stärken. Menschliche Arbeit wird dabei nicht ersetzt, sondern ergänzt. Die Verschmelzung von Mensch und Maschine ist dann erfolgreich, wenn sie den Menschen in seinem Handeln und Sein unterstützt, ohne ihn in Frage zu stellen.

Insgesamt werden durch die fortschreitende Automatisierung Berufe in der Regel nicht entfallen, sondern sich verändern. Nicht Berufe werden automatisiert, sondern Tätigkeiten. Ein positives Beispiel aus der Vergangenheit ist dafür der Kfz-Mechaniker, welcher aufgrund technischer Neuerungen zum Kfz-Mechatroniker wurde.

Der Sachverständigenrat zur Begutachtung der gesamtwirtschaftlichen Entwicklung beschrieb vor einigen Jahren in seinem Jahresgutachten die Angst vor „Horrorszenarien, in denen ganze Berufe ersatzlos verschwinden, als unbegründet". Die Realität gibt ihnen recht. Wir müssen von der Angstdebatte wegkommen und verstärkt die Chancen der Digitalisierung aufzeigen.

Gerade für den Menschen selbst wird durch die Digitalisierung viel ermöglicht: Neben den Vorteilen im betrieblichen Alltag gehört dazu auch die Präsenz und die Sichtbarkeit im privaten wie im öffentlichen Kontext. Die Möglichkeiten, die einem die Digitalisierung bietet, sind beinahe grenzenlos.

Allein das Potenzial, welches durch flexible Arbeitszeiten und -orte entstehen kann, wird sowohl die Unternehmen als auch den Arbeitsmarkt sehr positiv beeinflussen, nicht zuletzt durch die verbesserte Vereinbarkeit von Familie und Beruf. Darüber hinaus ist der Fachkräftepool durch die Digitalisierung grenzüberschreitend geworden. Unternehmen haben mit einfachsten Mitteln die Möglichkeit, sichtbar und präsent bei potenziellen Mitarbeitern auf der ganzen Welt zu sein. Gerade für den Mittelstand ist das ein entscheidender Faktor.

Diana Scholl
Leiterin Mittelstandsallianz, politische Netzwerke und Strategie
BVMW – Bundesverband mittelständische Wirtschaft,
Unternehmerverband Deutschlands e. V.

Geleitwort zur 1. Auflage (2017)

Die Digitalisierung ist der Megatrend der heutigen Zeit. Er beschäftigt Unternehmen jeglicher Branche und Größe. Von der Entwicklung neuer Geschäftsmodelle über Veränderungen der Arbeitsprozesse bis hin zur Arbeitskultur werden allerorts vielfältige Auswirkungen der Digitalisierung auf Mensch und Unternehmen thematisiert und diskutiert. Mittlerweile besteht sowohl in der Wissenschaft als auch in der Praxis ein großer Konsens darüber, dass die Digitalisierung auf nahezu jedes Unternehmen Auswirkungen hat und dass zukünftig nur diejenigen wettbewerbsfähig sein werden, die sich den Herausforderungen der Digitalisierung stellen. Dennoch fragen sich viele Unternehmer aufgrund der Komplexität der Thematik, was dieses praktisch für sie bedeutet und welche Fragen im eigenen Unternehmen gestellt werden müssen, um die Digitalisierung voranzubringen.

Das Buch **DER MENSCH IN DER DIGITALEN TRANSFORMATION** ermöglicht zunächst ein Grundverständnis der Digitalisierung, bevor es die wesentlichen Perspektiven Technologie und Kultur sowie den Menschen in der Digitalisierung betrachtet. Abschließend wird ein Blick auf die gesellschaftlichen und politischen Rahmenbedingungen geworfen.

Mit dem vorliegenden Werk tragen die Autoren dazu bei, Unternehmer dafür zu sensibilisieren, dass Digitalisierung **CHEFSACHE** ist. Zum einen wird prägnant und gut verständlich für das Thema sensibilisiert. Zum anderen werden auch die wesentlichen Begriffe, die allerorts diskutiert werden, erläutert. Das Buch ist bewusst praxisorientiert formuliert. Anspruch des Buches ist es, die Komplexität der Themen auf das notwendige Wissen zu reduzieren und so eine Übertragbarkeit auf das eigene Unternehmen zu ermöglichen. Dem Leser werden zum Abschluss eines jeden Kapitels noch einmal pointiert die Schlüsselerkenntnisse dargeboten. Daran anschließend sind Arbeitsfragen formuliert, die es ermöglichen, das digitale Mindset und den Fortschritt im Unternehmen selbst kritisch zu reflektieren.

Das Buch schafft damit eine Basis, die Digitalisierung begreifbar zu machen, und ist Informationsquelle wie auch praktischer Begleiter für die Weiterentwicklung der Digitalisierung im eigenen Unternehmen zugleich.

Prof. Dr. Ellena Werning
Fachhochschule des Mittelstands (FHM)
Studiengangsleiterin Digital Business
Wissenschaftliche Projektleitung
Digitalisierungsindex in KMU in NRW

DIGITALISIERUNG – DIE 4. INDUSTRIELLE REVOLUTION

Möchte man sich die Veränderung des Menschen im Rahmen der digitalen Transformation – auch **4. INDUSTRIELLE REVOLUTION** genannt – vor Augen führen, bietet es sich an, einen Blick auf die bisherigen industriellen Revolutionen zu werfen und zu beleuchten, wie sich diese jeweils auf die Arbeitskräfte und die Gesellschaft ausgewirkt haben.

DIE 1. INDUSTRIELLE REVOLUTION: MASCHINELLE PRODUKTION

In der vorindustriellen Epoche, die im Wesentlichen durch Ackerbau und Viehzucht geprägt war, setzte die Zeit der Aufklärung ab etwa 1700 ein wahres Feuerwerk der Erfindungen und Entwicklungen in Kraft.

Zunehmend übernahmen durch Wasser oder Dampf betriebene Maschinen die Rolle von menschlicher oder tierischer Kraft im Antrieb von Geräten und Maschinen. Die Nutzung dieser Energiequellen legte den Grundstein für den Siegeszug, den die Industrialisierung ab diesem Zeitpunkt antreten sollte: Dampfkraft betrieb Maschinen im damals führenden Textilgewerbe, dampfbetriebene Eisenbahnen und Schiffe ermöglichten einen schnelleren Transport von Waren und die neu entstehenden Fabrikhallen der Schwerindustrie schafften neue Arbeitsplätze in nie gekannter Anzahl.

Die Menschen wandelten sich von ländlichen Selbstversorgern zu Angestellten, die sich von ihrem Lohn die Dinge des täglichen Lebens kaufen konnten. Dies brachte einige Änderungen in der Arbeits- und Denkweise mit sich:

→ Da die Landwirtschaft nicht mehr das führende Arbeitsfeld war, setzte eine starke Massenabwanderung vom Land in die Städte ein.

→ Da nicht mehr das gesamte Einkommen in das Lebensnotwendigste gesteckt werden musste, konnte sich zusammen mit dem technologischen Fortschritt ein starkes Bürgertum herausbilden, dessen Mitglieder fortan nicht nur als Arbeitskräfte, sondern auch als Konsumenten zur Verfügung standen.

→ Die gewonnenen zeitlichen und individuellen Freiräume führten zu einem gesteigerten Gerechtigkeitsbewusstsein, welches wiederum das Fundament für die Demokratisierungsbewegungen des 18. Jahrhunderts legte.

Insofern hat die 1. industrielle Revolution nicht nur wirtschaftliche, sondern auch ganz maßgebliche soziologische und gesellschaftliche Veränderungen mit sich gebracht, die insbesondere Europa bis heute prägen.

DIE 2. INDUSTRIELLE REVOLUTION: FLIESSBANDARBEIT

Mit der zunehmenden Ausbreitung der Elektrizität als Antriebskraft ab 1880 fiel der Startschuss zur zweiten industriellen Revolution. Sie war gekennzeichnet durch die zunehmende Verbindung von Forschung und Produktion, bei der wissenschaftliche Erkenntnisse eingesetzt wurden, um Abläufe in der Produktion zu optimieren und möglichst effizient zu gestalten. Frederick Winslow Taylor setzte hierbei mit der prozessorientierten Produktion einen Meilenstein, der im produzierenden Gewerbe bis heute als eines der grundlegenden Prinzipien gilt.

Mit der Einführung der Fließbandarbeit in der Automobilindustrie des frühen 20. Jahrhunderts erreichte die Produktionsleistung neue Höchststände: Sehr große Stückzahlen konnten in relativ kurzer Zeit, in gleichbleibender Qualität und zu geringen Kosten produziert werden.

Das Erfolgsgeheimnis des erstmals flächendeckend von Henry Ford eingesetzten Verfahrens der Fließbandproduktion lag in der Zerlegung der Produktion in einzelne Arbeitspakete, die an unterschiedlichen Stationen durchgeführt wurden, sowie der effizienten Kombination aus Mensch und Maschine: Motoren führten die in Arbeit befindlichen Teile durch die Produktionsstraße, an der die menschlichen Arbeitskräfte an jeder Station einen weiteren Veredelungsschritt vornahmen. Pro Station kam jeweils nur ein Schritt dazu, der aus möglichst wenigen, einfachen und schnell zu wiederholenden Handgriffen bestand.

Seit dieser Zeit ist das Managementprinzip der Effizienzsteigerung fest in den Führungsstrukturen von Unternehmen verankert. Alles, was nicht direkt mit der Fertigung zu tun hatte, sollte nach Möglichkeit vermieden werden. Mit der Zerlegung und Standardisierung der Arbeitsabläufe verlor aber zunehmend auch das Erfahrungswissen der Mitarbeiter an Bedeutung. Das hatte einen Identifikationsverlust des Arbeiters mit dem Produkt zur Folge.

Auf der anderen Seite führten die gesteigerte Effizienz und die damit einhergehenden reduzierten Warenpreise zu einem höheren Konsumanteil. Plötzlich waren auch **NORMALE ARBEITER** in der Lage, sich ehemalige Luxusgüter erlauben zu können, und trieben die Nachfrage an.

Somit kam es in dieser Phase der industriellen Revolution für den Menschen zu weiteren wesentlichen Änderungen:

→ In der Produktion bestimmten Masse und Akkord: Je mehr Stück pro Zeiteinheit erzeugt werden konnten, umso höher der spätere Ertrag.

→ Die Geschwindigkeit der Arbeit wurde von der Laufgeschwindigkeit des Fließbandes vorgegeben. Individuelle Arbeitsgeschwindigkeiten waren nicht mehr möglich.

→ Effizienz war das höchste Produktionsprinzip; das **DENKEN** wurde aus der Arbeit entfernt. Einzig die Geschwindigkeit der wenigen Handgriffe war entscheidend; Kreativität oder Interpretationsspielräume waren kontraproduktiv.

→ Gleichzeitig konnten die Menschen die im Betrieb fehlende Selbstbestätigung im privaten Umfeld durch einen immer stärker möglichen Konsum kompensieren.

In dieser Phase wurde deutlich spürbar, wie Wohlstand für weite Teile der Gesellschaft erreichbar war. Die Forderung nach einer immer höheren Spezialisierung in der Arbeitswelt wurde ausgeglichen durch immer mehr Freiheiten und Konsum im Privaten.

DIE 3. INDUSTRIELLE REVOLUTION: COMPUTER UND AUTOMATISIERUNG

Ab den 1970er Jahren startete die 3. industrielle Revolution. Diese war geprägt vom Einsatz von Computern und Elektronik in der Produktion, was zu einer weiteren Automatisierung der Produktionsstrecken führte. In diesem Zuge ersetzte Robotik vermehrt bislang händische Produktionsschritte und steigerte den ohnehin bereits hohen Stand der Arbeitsteilung noch weiter.

Bei den in hohem Maße computergesteuerten, vollautomatisierten Produktionsweisen übernahmen Menschen oftmals nur noch unterstützende oder korrigierende Aufgaben, während der überwiegende Teil der produzierenden Aufgaben von Fertigungsrobotern übernommen wurde. Dies ließ die produzierbaren Stückzahlen steigen und die Preise für die Güter weiter sinken. Dadurch konnten weitere Teile der Weltbevölkerung als Konsumenten gewonnen werden. Eine immer weitere Internationalisierung der wirtschaftlichen Beziehungen, die **GLOBALISIERUNG**, war die Folge.

Im Gegenzug wurden Waren und Leistungen aus allen Teilen der Welt für die Verbraucher verfügbar, da Produktion und Logistik in einem globalen Netzwerk nahtlos zusammenarbeiteten.

Die Auswirkungen auf die Gesellschaft waren mannigfaltig:

→ Der hohe Automatisierungsgrad ermöglichte eine höhere Flexibilität in der Standortwahl der Unternehmen. Die Verfügbarkeit von qualifizierten Mitarbeitern stellte keinen unmittelbar limitierenden Faktor mehr dar.

→ Für Unternehmen und Menschen gehört es seitdem zum allgemeinen Weltbild, in einem globalen Wettbewerb zu stehen, in dem Fertigungsstätten dorthin verlagert werden, wo am günstigsten produziert werden kann.

→ Eine effizienz- und prozessorientierte Arbeitsweise gab den Arbeitnehmern oftmals nur sehr kleine Handlungsspielräume. Ähnlich den Produktionskräften der früheren Phasen wurden auch Verwaltungsmitarbeiter verstärkt zu eng geführten **SACHBEARBEITERN** ohne große Handlungsspielräume.

→ Der Einzug von Computern und Internet auch im privaten Umfeld ebnete die Bahn für eine vorher ungekannte Entwicklungsgeschwindigkeit für Waren und Leistungen. Die gebildete Mittelschicht war plötzlich in der Lage, weltweit auf Informationen und Wissen zugreifen zu können.

→ Die Menschen wurden sich ihrer Rolle als Konsumenten und ihrer wichtigen Wirtschaftskraft über die reine Arbeitsleistung hinaus bewusst, was zu einer gesteigerten Demokratisierung des Handels- und Konsumverhaltens führte. Die Wirtschaft entwickelte sich von einem Angebots- zu einem Nachfragemarkt.

Es wurde eine immer deutlichere Trennung zwischen beruflichen und privaten Herangehensweisen erkennbar: strikte Effizienz auf der einen Seite, flexible Selbstverwirklichung auf der anderen.

Der mit dieser Phase der industriellen Revolution einhergehende Wohlstand in der westlichen Welt, die gewonnenen zeitlichen Freiräume unter anderem für Bildung und Forschung sowie die steigende globale Zusammenarbeit legten den Grundstein für immer neue Entwicklungen und neue Technologien, die schließlich die 4. industrielle Revolution einläuteten.

DIE 4. INDUSTRIELLE REVOLUTION: DIGITALISIERUNG

Derzeit befinden wir uns in der 4. industriellen Revolution, die in der öffentlichen Wahrnehmung als **DIGITALISIERUNG** und oftmals mit **NOCH MEHR EINSATZ VON IT** gleichgesetzt wird. Hierbei handelt es sich jedoch nur um eine sehr unzureichende und auch fehlgeleitete Beschreibung, da der Einsatz von Computern, IT und Automatisierung bereits die prägenden Charakteristika der 3. industriellen Revolution darstellen. Und tatsächlich gibt es Stimmen, die die aktuellen Entwicklungen **NUR** als eine weitere Phase der 3. industriellen Revolution bezeichnen.

Um die korrekte Definition und die zugrundeliegende Fragestellung zu erarbeiten, sollte man den Fokus etwas weiter fassen. Die drei ersten industriellen Revolutionen hatten stets ein gemeinsames Fundament, auf dem die Produktion begründet war: Seit Adam Smith galten die drei Faktoren Arbeit, Boden und Kapital als maßgebliche Säulen der Produktion.

Mit der 4. industriellen Revolution kommt ein weiterer Faktor hinzu, der sich anschickt, den anderen in vielen Bereichen den Rang abzulaufen: Daten. Daten haben mittlerweile einen maßgeblichen Einfluss auf die Produktion oder besser: auf die gesamte Wertschöpfung von Unternehmen – nicht nur im produzierenden Gewerbe.

In Form von Mess- und Analysedaten helfen sie, die (automatisierte) Produktion immer weiter zu optimieren. Als Kommunikationsdaten mit Lieferanten und Kunden verschlanken sie die Supply Chain. Und in der volldigitalen Welt stellen sie **DAS GUT** an sich dar, mit dem Konzerne wie Alphabet (ehemals Google), Amazon und Apple ihre Wertschöpfung realisieren. Facebook, der größte Medienkonzern der Welt, erstellt selbst keine Inhalte. Airbnb, der weltgrößte Hotelkonzern, besitzt keine Immobilien, genauso wie das weltgrößte Taxiunternehmen – Uber – keine eigenen Taxis besitzt.

Der Schlüssel zum Erfolg liegt in der Vernetzung von Anbietern und Nachfragern. Heute dominieren nicht mehr die Unternehmen, die selbst produzieren, sondern die Unternehmen, die Daten verwalten können und hierfür Angebot und Nachfrage global zusammenbringen.

Aber natürlich ist auch in der Produktion und Produktentwicklung die Zeit nicht stehengeblieben. Neue Produktionsverfahren wie 3D-Druck ermöglichen die Herstellung von kostengünstigen Teilen in der **LOSGRÖSSE 1**. Immer leistungsfähigere Roboter arbeiten nicht mehr in abgeschlossenen Bereichen, sondern Hand in Hand mit menschlichen Arbeitskräften, und eine Vielzahl von Sensoren tauscht permanent Informationen über den Stand des Fertigungsprozesses mit Werkstücken, anderen Werkzeugen und sogar dem Endkunden aus, um diesen stets aktuell über den Produktionsfortschritt zu informieren.

Für den Menschen bedeutet dies ein immer höheres Maß der Individualisierung seiner Konsumgüter, aber auch eine Veränderung seiner Arbeitswelt:

→ Roboter und Computersysteme ersetzen zunehmend menschliche Aufgaben im Unternehmen. Was in der 3. industriellen Revolution als automatisiertes Werkzeug begann, wird heute immer mehr zum vollwertigen Bestandteil der Arbeitsgruppe oder des Teams.

→ Die gewaltigen Datenmengen, die heute in der Welt erzeugt werden, sind von Menschen alleine nicht mehr zu handhaben. In vielen Bereichen hat die automatisierte Verarbeitung von Informationen das menschliche Mitwirken fast vollständig ersetzt.

→ Neue Produktionsverfahren ermöglichen eine flexiblere und zielgerichtetere Reaktion auf Nachfrage und Bedarf des Marktes.

→ Soziale Medien, globale Netzwerke und die Cloud stellen riesige Industrien dar und nehmen **KLASSISCHEN** Unternehmen mit disruptiven Ansätzen in immer mehr Bereichen Marktanteile ab.

→ Die Grenzen zwischen dem beruflichen und dem privaten Umgang mit Technologie verschwimmen. Während früher die Technologie aus den Unternehmen in das Private übertragen wurde, hat sich diese Strömung heute umgekehrt. Kostengünstige Technologien aus dem privaten Leben müssen auf Druck der Mitarbeiter in den Unternehmenskontext eingebunden werden – nicht immer vor dem Hintergrund einer wirklichen Nutzenargumentation.

→ Home-Office und mobiles Arbeiten sind technisch problemlos möglich. Beides wird von Unternehmen und Belegschaft forciert – und bringt durch den Entfall der räumlichen Trennung ein Umdenken in Bezug auf die Unterscheidung von **BERUFLICH** und **PRIVAT** mit sich. Teilweise führt dies zu neuen Belastungs- statt zu Entlastungssituationen.

Die aktuelle Technologie bringt in nahezu allen Bereichen schier grenzenlose Möglichkeiten mit sich – aber auch neue Fragestellungen und den Bedarf an einer neuen Definition von **ARBEIT**.

Insbesondere wenn die Grenzen zwischen beruflicher und privater Nutzung von Geräten und Diensten verschwimmen, entstehen neue Fragestellungen beispielsweise in Hinblick auf Arbeitszeitregelungen und -gesetze. Dies gilt in nahezu allen Berufen, unabhängig vom bisherigen Tätigkeitsprofil.

Genau an dieser Stelle, bei der Veränderung durch unternehmerische, organisatorische und menschliche Rahmenparameter, hört die Digitalisierung auf und etwas anderes beginnt: die digitale Transformation.

DIGITALE TRANSFORMATION ALS KONSEQUENZ DER DIGITALISIERUNG

Im normalen Sprachgebrauch – und teilweise sogar in den Medien – werden die Begriffe **DIGITALISIERUNG** und **DIGITALE TRANSFORMATION** häufig synonym verwendet. Dies jedoch mit dem fatalen Ergebnis, dass dieses ohnehin schon schwierige und komplexe Themenfeld zusätzliches Potenzial für Missverständnisse bekommt.

Und tatsächlich ist es sehr schwer, eine klare Definition dieser Begrifflichkeiten zu finden, was ihre Verwendung erheblich erschwert.

Aus diesem Grund soll an dieser Stelle eine Definition vorgenommen werden, die den weiteren Überlegungen und Beschreibungen zugrunde liegen wird.

DEFINITION „DIGITALISIERUNG"

Unter dem Begriff der Digitalisierung wird all das verstanden, was durch digitale Technologien die Wertschöpfung in einem Unternehmen verändert. Dies kann einen einzelnen Prozess betreffen, der durch Automatisierung oder durch künstliche Intelligenz anders vollzogen wird, oder aber einen gänzlich neuen Wertschöpfungsstrang in einem Unternehmen meinen. Ein entscheidender Faktor für die Verarbeitung von Informationen sind hier Daten. Zunehmende Rechenleistung, Mustererkennung und ein Zuwachs an Daten sind die Treiber für die Implementierung von lernenden Systemen, die somit Automatisierung und künstlicher Intelligenz den Raum geben, um Prozesse und Geschäftsmodelle zu verändern.

DEFINITION „DIGITALE TRANSFORMATION"

Die digitale Transformation ist von der Digitalisierung nicht zu trennen. Digitale Transformation kann als bewusste und kontinuierliche digitale Entwicklung eines Unternehmens, eines Geschäftsmodells, eines Ideenprozesses oder einer strategischen und taktischen Methodik verstanden werden. Darüber hinaus ist auch die operative Ebene der Arbeit betroffen. Die Art der Arbeit verändert sich in vielen Bereichen durch mehr Mobilität und Flexibilität, neue Kommunikationswege und eine wachsende Eigenverantwortung des Einzelnen.

Allerdings sind nicht nur Unternehmen mit ihren Geschäftsmodellen betroffen. Auch die Gesellschaft befindet sich durch die Sozialtechnologien und die daraus resultierenden Veränderungen der Denkweisen in einem digitalen Wandel. Diese Denkweisen wiederum finden auch ihren Weg in das Verhalten von Führung, in die Arbeitsplatzgestaltung, in zwischenmenschliche Beziehungen und Werteversprechen. Der Einfluss in diesen Bereichen bewirkt vielerorts einen kulturellen Wandel in der Arbeit, der daher für die digitale Transformation charakteristisch ist.

Spannend ist in diesem Zusammenhang, dass in der englischen Sprache die Begrifflichkeiten sogar noch weiter differenziert werden können, was eine Diskussion – ein einheitliches Verständnis vorausgesetzt – nochmal deutlich vereinfachen kann.

DEFINITION DES ENGLISCHEN „DIGITIZATION"

Die englische Sprache differenziert einen weiteren Terminus, der sinnvoll erscheint, um die unterschiedlichen Aspekte des Themas besser einordnen zu können. Mit **DIGITIZATION** ist gemeint, dass ein zuvor analoger Prozess nun digital abgebildet wird. In Diskussionen rund um **DIGITALISIERUNG** gibt es Vertreter, die daher behaupten, dass es Digitalisierung schon Jahrzehnte gibt.

Was dort gemeint ist, ist aber **DIGITIZATION**. Wir senden eine E-Mail anstelle eines Briefes oder wir reichen unseren Urlaubsantrag nicht auf einem gedruckten Formular ein, sondern tippen ihn in eine dafür vorgesehene Vorlage in einem System. Der Prozess an sich bleibt aber davon unverändert. Es ändert sich lediglich der Träger der Information von analog auf digital.

DEFINITION DES ENGLISCHEN „DIGITALIZATION"

Das Verständnis von **DIGITALIZATION** im Englischen ist nah an dem Verständnis von Digitalisierung, welches soeben erläutert wurde. Digitalization führt den Transfer von analog zu digital genau in der Form weiter, dass hier auch die Veränderung von Prozessen und der Zuwachs an Möglichkeiten Veränderungen in Prozessen und Geschäftsmodellen mit sich bringt. Mitunter ist im Englischen für diesen Zusammenhang auch von Digital Business Transformation die Rede.

DEFINITION DES ENGLISCHEN „DIGITAL TRANSFORMATION"

Die digitale Transformation wiederum geht weiter, als es Digitalization beschreibt. Hierbei stehen jedoch nicht die technologischen Neuerungen und Veränderungen im Vordergrund. Bei digitaler Transformation ist der Effekt gemeint, den Digitalisierung auf die tägliche Arbeit, auf Kommunikation, Informationsaustausch und auf Kompetenzbedarf hat. Hierbei macht die digitale Transformation nicht an Fachbereichs- oder Unternehmensgrenzen halt. Die Auswirkungen, die vielleicht zunächst in einem bestimmten Bereich – ob organisatorisch oder gesellschaftlich – spürbar und vor allem greifbar scheinen, ziehen sich durch alle Lebensbereiche des Menschen. So wird beim Bedarf neuer Kompetenzen im Zusammenhang mit digitaler Transformation im ersten Schritt etwas zielgerichtet für einzelne Bereiche in der Funktion im Unternehmen berücksichtigt. Doch hierbei zeigt sich sehr deutlich, dass dies zu kurz gegriffen ist. Wie und vor allem wann lernt man Soft Skills? Muss nicht das Bildungssystem durch die Gestalter auf Landes- und Bundesebene diese Fertigkeit im Ausbildungs- und Schulsystem berücksichtigen?

Man sieht: Sobald die sprachliche Basis gelegt ist, erscheint das Themenfeld bereits weniger undurchsichtig – wenn auch nicht weniger komplex, da eine Vielzahl von Aspekten in die Definitionen mit einfließt.

Für die weiteren Abschnitte dieses Buches wird der Fokus insbesondere auf die **DIGITALE TRANSFORMATION** bzw. **DIGITAL TRANSFORMATION** gelegt, da sie die die Gesellschaft sowie die Arbeitswelt eines jeden Einzelnen in den kommenden Jahren massiv verändern wird.

SCHLÜSSELERKENNTNISSE

Zusammenfassend lassen sich folgende Schlüsselerkenntnisse identifizieren, die im Zusammenhang mit diesem Thema immer im Bewusstsein sein sollten.

1.

DIGITALISIERUNG IST NICHT GLEICH DIGITALE TRANSFORMATION

Der Begriff der **DIGITALISIERUNG** bezieht sich ausschließlich auf technologische Aspekte und Möglichkeiten, also etwa neue Dientte oder Technologien wie Augmented Reality, 3D-Druck, künstliche Intelligenz und humanoide Robotik.

Die **DIGITALE TRANSFORMATION** beschreibt das, was der Einsatz dieser neuen Technologien mit uns als Menschen, unseren Unternehmen und unserer Gesellschaft macht. Hierzu gehören beispielsweise Aspekte wie das geänderte Kommunikationsverhalten durch WhatsApp oder die geänderte Erwartungshaltung im Konsumverhalten durch Onlineshopping. Aber auch geänderte Arbeitsweisen und -modelle wie mobiles Arbeiten, Home-Office oder die ständige Verfügbarkeit von Onlinediensten können hierunter genannt werden.

2.

DIGITALISIERUNG UND INDUSTRIE 4.0 SIND MEHR ALS COMPUTERGESTÜTZTE AUTOMATISIERUNG

Insbesondere bei dem Begriff **INDUSTRIE 4.0** empfiehlt es sich, sich stets vor Augen zu halten, dass hier die Nutzung von **DIGITALISIERUNG** in Produktionsunternehmen gemeint ist. Es wäre aber fatal, durch die unreflektierte Nutzung des Begriffs **INDUSTRIE 4.0**, die aktuelle Entwicklung der Digitalisierung nur auf die Produktion zu beschränken.

Die Digitalisierung betrifft alle Unternehmen ganz unabhängig von ihrer jeweiligen Branche. Jede industrielle Revolution hat umfassende organisatorische, gesellschaftliche und politische Veränderungen mit sich gebracht. Dies wird bei der jetzt laufenden 4. industriellen Revolution und der sich nahtlos daraus ergebenden digitalen Transformation nicht anders sein.

3. ▶

DATEN SIND DER NEUE PRODUKTIONSFAKTOR

In der Zeit der digitalen Leistungserbringung sind Daten ein neuer Produktionsfaktor, der sich anschickt, den **ALTEN** Produktionsfaktoren Arbeit, Boden und Kapital den Rang abzulaufen. Das Sammeln, Aufbereiten und Auswerten von Daten zur Gewinnung von Wissen steht hierbei im Zentrum der Wertschöpfung vieler Unternehmen.

ARBEITSVORLAGE: FRAGESTELLUNGEN

Um das Thema der digitalen Transformation mit seinen Aus- und Wechselwirkungen nicht nur erfassen zu können, sondern auch direkt auf das persönliche und unternehmerische Umfeld zu übertragen, sollte man sich mit den folgenden Fragestellungen auseinandersetzen.

Beantworten Sie diese Fragen ehrlich zu sich selbst. Nur ein offener und konstruktiver Umgang mit den laufenden Entwicklungen wird es ermöglichen, von den Veränderungen zu profitieren.

" IST DAS THEMA „DIGITALISIERUNG" IN IHREM UNTERNEHMEN EIN FESTER BESTANDTEIL DER UNTERNEHMENSSTRATEGIE? GIBT ES ENTSPRECHENDE INITIATIVEN, UM DIE TRANSFORMATION ZU BEGLEITEN?

....

....

....

....

....

....

" GIBT ES EIN BEWUSSTSEIN BEI UNTERNEHMENS- UND
MITARBEITERVERTRETUNG, DASS DER GESAMTE THEMEN-
KOMPLEX EINE BESONDERE RELEVANZ FÜR DIE ZUKUNFT
IHRES UNTERNEHMENS HAT?

....

....

....

....

....

....

" WIE SEHEN SIE IHRE IT-ABTEILUNG? UND WIE SIEHT
SIE SICH SELBST? ALS TECHNIKER ODER ALS ZENTRALEN
BAUSTEIN DER WERTSCHÖPFUNG?

....

....

....

....

....

....

" GIBT ES IN IHREM UNTERNEHMEN EINE FUNKTION
FÜR INNOVATIONSMANAGEMENT? WENN JA – WO IST DIESE
ANGEORDNET? WELCHEN RÜCKHALT HAT SIE IN DER UNTER-
NEHMENSFÜHRUNG?

....

....

....

....

....

....

" WO LIEGT HEUTE DER KERN IHRER WERTSCHÖPFUNG?
IN MATERIELLEN GÜTERN (IMMOBILIEN, MASCHINEN) ODER
IN WISSEN (Z. B. PATENTEN)?

....

....

....

....

....

....

" KENNEN SIE IHRE MITBEWERBER? ALLE?

....

....

....

....

....

....

INTERPRETATIONSANSÄTZE ZU DEN FRAGESTELLUNGEN

Selbstverständlich gibt es auf diese Fragen keine richtigen oder falschen Antworten. Sie sollen zum Nachdenken anregen und Impulse dafür liefern, wie man sich dem Thema der Digitalisierung nähern kann. Nachfolgend finden sich einige der Impulse, die durch die Fragestellungen auslöst werden könnten.

DIGITALISIERUNG UND DIGITALE TRANSFORMATION GEHÖREN AUF DIE ROADMAP

Die digitale Transformation unserer Lebens- und Arbeitswelt ist eine der größten Veränderungen unserer Zeit, die uns alle betrifft. Durch neue Technologien, neue Herangehensweisen und sich verändernde Rahmenbedingungen wird sie unser wirtschaftliches und gesellschaftliches Leben stark verändern.

Dieser Veränderung kann im unternehmerischen Kontext nur begegnet werden, indem das Thema eine aktive Stellung in der Unternehmensstrategie einnimmt.

Hierbei ist es zunächst unerheblich, in welchem zeitlichen Rahmen, mit welchen Ressourcen und in welchem Umfang das Thema Digitalisierung adressiert wird – dies kann von Branche zu Branche, von Unternehmen zu Unternehmen sehr unterschiedlich sein. Aber das Thema muss auf die Agenda

Generell gilt: Digitalisierung und digitale Transformation sind Chefsache! Die Geschäftsführung ist in der Verantwortung, das Thema im gesamten Unternehmen auf den Plan zu heben. Kein Fachbereich wird für sich allein digitalisieren und transformieren können.

IT IST NICHT ALLES –
ABER OHNE IT IST ALLES NICHTS

IT-Abteilungen dürfen mit dem Themenkomplex der Digitalisierung und digitalen Transformation nicht überfordert werden. In vielen Unternehmen spielt die IT nach wie vor die Rolle des notwendigen Werkzeugs, das man zwar irgendwie braucht, dem man aber trotzdem gerne den unternehmerischen Nutzen abspricht.

Dieser IT nun die Verantwortung für die digitale Transformation im Unternehmen zu übertragen, kann nur fehlschlagen – aus unterschiedlichen Gründen: wegen mangelnden Wissens, mangelnder Erfahrung oder auch einfach mangelnder Reputation der IT im Unternehmen. Nicht zuletzt bedarf es einen hohen Grades an Leadership, der bei Fehlen eines der genannten Aspekte nicht gegeben sein kann.

Auf der anderen Seite ist die IT ein wichtiger Technologie- und Know-how-Lieferant für die Digitalisierung im Unternehmen, der auf jeden Fall in jedes Projekt und jede Initiative einzubeziehen ist – aber als Teammitglied, nicht in der Hauptverantwortung. Die kann bei diesem strategisch wichtigen Thema nur bei der Unternehmensleitung liegen.

KONZENTRIEREN SIE SICH ZUNÄCHST
AUF IHRE KERNKOMPETENZ

Insbesondere am Anfang der digitalen Transformation kann es schwierig sein, den richtigen Mittelweg zu finden. Muss ich mein Unternehmen jetzt mit Google und Apple vergleichen? Muss ich direkt in neue Märkte investieren? Oder fange ich erstmal mit einem neuen IT-System an?

Diese Fragestellungen sind häufig zu hören und könnten in ihren Extremen nicht weiter auseinanderliegen.

Auf der einen Seite ist es in der Regel nicht realistisch, direkt vom Start weg eine perfekte, dauerhaft erfolgversprechende Strategieplanung vornehmen zu können. Dies führt oft zu realitätsfernen Visionen, die sich nicht umsetzen lassen. Aber andererseits stellt eine kurzfristige Investitionsentscheidung, z. B. in ein digitales Archivsystem oder eine neue Telefonanlage, nun wahrlich keine Strategie dar.

Vielmehr ist es sinnvoll, die aktuelle Wertschöpfung zu analysieren – am besten aus Sicht des Kunden.

Was genau kauft mein Kunde bei mir? Wenn ich ein Autohersteller bin, kauft er dann ein Auto oder kauft er vielmehr individuelle Mobilität? Und wenn er letztere kauft, muss diese dann wie ein heutiges Auto aussehen?

Zugegeben, diese Überlegungen klingen abstrakt. Sie sind aber zwingend notwendig.

DIGITALISIERUNG IST OFTMALS MEHR REVOLUTION ALS EVOLUTION

Direkt an den vorherigen Punkt der Kernkompetenz anschließend, sollte man sich stets vor Augen führen, dass viele heutige Ausprägungen der Digitalisierung sehr disruptiv in den Markt eingetreten sind. Wie die Beispiele Airbnb, Uber und weitere zeigen, können branchenfremde Anbieter sehr plötzlich ganze Märkte an sich ziehen. Unternehmen sind gut beraten, nicht nur bei den heute bekannten Mitbewerbern nach möglichen Risiken für das eigene Geschäft Ausschau zu halten. In der digitalen Welt kann der größte Konkurrent plötzlich aus dem Nichts auftauchen. Dann gilt es, darauf vorbereitet zu sein.

WELCHE DREI TO-DOS KÖNNEN SIE FÜR SICH DIREKT DAVON ABLEITEN?

1. ....
....
....

2. ....
....
....

3. ....
....
....

TECHNOLOGIE UND KULTUR

Die digitale Transformation – manchmal auch: digitale Revolution – ist sehr vielschichtig und umfasst weit mehr als nur **COMPUTERGESTÜTZTE AUTOMATISIERUNG**. Sie wirkt sich auf die Geschäftsmodelle und Prozesse der Unternehmen ebenso aus wie auf den Alltag der Menschen und mannigfaltige sozioökonomische Aspekte unserer Gesellschaft. Gerade in Bezug auf letztgenannte ist eine rasante und sich gegenseitig beschleunigende Weiterentwicklung von technologischen und kulturellen Aspekten erkennbar, die in den folgenden Abschnitten anhand einiger konkreter Beispiele aufgezeigt werden soll.

SOZIALE, GLOBALE NETZWERKE

Bereits seit vielen Jahren sind soziale Netzwerke ein fester Bestandteil des gesellschaftlichen Lebens. Was als digitales Netzwerk zwischen Studenten zum Austausch des aktuellsten Klatsches und Tratsches begann, ist heute in allen Alters- und Gesellschaftsschichten angekommen.

Die globale Reichweite der sozialen Netzwerke eröffnet hierbei Horizonte, die noch vor wenigen Jahren undenkbar gewesen wären. Die Globalisierung ist erst durch Facebook für den Durchschnittsbürger, der nun auch Freunde in Brasilien, Japan oder den USA haben kann, zur greifbaren Realität geworden.

Mittlerweile werden auf Plattformen wie Facebook, Instagram, Pinterest oder Snapchat alle Arten von Informationen und Inhalten geteilt und kommentiert – oftmals in Echtzeit. Was esse ich gerade? Welchen Artikel habe ich soeben bestellt? Mit wem bin ich gerade wo? Wie fühle ich mich dabei? Guck mal – meine Katze zerkratzt gerade meine Tapete.

Was in einem sehr hohen Maße wie eine riesige Ansammlung von Belanglosigkeiten klingt, ist zu einem globalen gesellschaftlichen Phänomen geworden, das die Art, wie Menschen miteinander in Kontakt treten und was sie über sich preisgeben, massiv verändert hat.

Die sozialen Netzwerke sind zu einer Spiegelfläche geworden, auf der man sich präsentieren kann – scheinbar anonym und doch individuell.

Der damit verbundene Suchtfaktor nach **LIKES** führt dazu, dass immer mehr, immer privatere und sensiblere Inhalte geteilt werden – denn nur, was online geteilt wurde, ist auch wirklich passiert! Und nur, wenn es **GELIKT** und kommentiert wurde, war es – ist man – wichtig. Das soziale Leben hat sich in einem hohen Maße aus der Realität in das Virtuelle verlagert.

Dieser Trend – zu dem man stehen kann, wie man möchte – bringt eines mit sich: den Bedarf, sich selbst, sein Unternehmen und seine Leistungen auch auf diesen Plattformen zu präsentieren, um ein Teil des neuen gesellschaftlichen Lebens zu sein.

Doch gerade an dieser Stelle beginnt eine der großen Herausforderungen:

Wie definieren wir, wo **PRIVAT** aufhört und **BERUFLICH** anfängt? Gibt es eine **GESELLSCHAFTLICHE** Pflicht, die Beiträge des Arbeitgebers zu **LIKEN** und zu **TEILEN**?

Oder auch: Ist die Pflege meiner beruflichen Informationen in sozialen Netzwerken richtig und sinnvoll oder lässt dies die Grenzen nur noch mehr verschwimmen?

Und vor allem: Wer arbeitet wie mit meinen Daten und Informationen? Welches Wissen lässt sich daraus gewinnen? Nur, weil ich diese Daten einfach so preisgeben kann, bedeutet dies ja nicht, dass diese Daten keinen Wert (für irgendjemanden) haben können. Ganz im Gegenteil.

In einer Zeit, in der die Unternehmen die sozialen Netzwerke als Kommunikationskanäle für Marketing, Kundengewinnung und Rekrutierung erkannt haben oder gar direkt die gespeicherten Daten monetarisieren, gewinnen die Fragen nach der günstigsten persönlichen Präsentation, nach dem Umgang mit Inhalten und der schier unendlichen Speicherdauer des Internets an fundamentaler Bedeutung. Eine Bedeutung, derer sich viele noch nicht im Klaren zu sein scheinen.

DIE CLOUD IST ALLGEGENWÄRTIG

Global verbundene Rechnersysteme kommen nicht nur im Bereich von sozialen Netzwerken zum Einsatz. Auch im Bereich der klassischen IT-Anwendungen und -Verfahren gehen immer mehr Hersteller den Weg, ihre Leistungen als **DIENST** (Service) über das Internet anzubieten. Anbieter wie Google, IBM, Microsoft, Oracle, SAP, Salesforce und viele weitere bieten mittlerweile ihre Softwarelösungen im Produktivitätsbereich (Office, Kommunikation, CRM, ERP) als Dienst aus dem Internet an – in der Regel auf der Basis eines Preismodells pro Benutzer und Monat.

Der besondere Charme von vielen dieser Angebote ist der sehr einfache und kostengünstige Einstieg. Bereits mit wenigen Klicks in einem Webbrowser können neue Funktionalitäten gebucht werden – auch ohne eigenes technisches Wissen, da die technischen Plattformen transparent vom jeweiligen Hersteller bereitgestellt werden.

Trotz aller Bedenken in Sachen Datensicherheit und Datenschutz: In der letzten Zeit hat die **CLOUD** einen wahren Siegeszug in Deutschland und Europa angetreten. Insbesondere die schnelle, günstige und – durch kurze Kündigungsfristen – risikolose Nutzung von Diensten regt kreative Mitarbeiter in Fachbereichen zur kurzfristigen Pilotierung von Diensten an, die früher eine monatelange Einführungsphase benötigt hätten. Der Vorteil, insbesondere im Hinblick auf die Entwicklung neuer Leistungen, Verfahren oder Geschäftsmodelle im Bereich der Digitalisierung, liegt hierbei klar auf der Hand: Ohne hohe Initialaufwände kann mit ausgewählten Mitarbeitern, Partnern und Kunden etwas getestet und somit die Innovationsgeschwindigkeit enorm gesteigert werden.

VIRTUELLE REALITÄTEN

Immer leistungsfähigere Endgeräte, gewaltige Rechenleistungen – nicht zuletzt in der Cloud – und hochauflösende Bildgeräte haben dem Themenfeld der virtuellen Realitäten in unterschiedlichen Ausprägungen einen rasanten Aufstieg beschert. Sowohl die komplett virtuelle Konstruktion von Bauteilen, Gebäuden oder **BEGEHBAREN** Raumsituationen wie auch die Einblendung von virtuellen Inhalten in das reale Sichtfeld (**AUGMENTED REALITY**) ist mittlerweile dank Google Glass, Microsoft HoloLens oder anderen bereits für geringe vierstellige Eurobeträge verfügbar. Selbst mit handelsüblichen Smartphones und Tablets lassen sich mittels App virtuelle Realitäten darstellen, wie etwa Playmobil und Lego mit ihren virtuellen Katalogen eindrucksvoll beweisen.

Im unternehmerischen und geschäftlichen Kontext kommen virtuelle Realitäten außer bei der Konstruktion vor allem im Bereich von Servicetechnikern immer stärker zum Einsatz. So ist es heute beispielsweise problemlos möglich, einem Servicetechniker mittels Augmented Reality Informationen zu dem vor ihm befindlichen Bauteil oder Werkstück direkt in sein Sichtfeld einzublenden: Welche Schraube muss zuerst gelöst werden, welche danach? Welches Teil führt Strom und darf nicht berührt werden? In welche Richtung kann die Klappe zur Seite geschoben werden? Informationen, die früher entweder aufwändig geschult oder in Form von dicken Papieranleitungen mitgeführt werden mussten.

Allein anhand dieses einfachen Beispiels wird deutlich, wie groß das Potenzial dieser Technologie in sehr vielen Lebens- und Arbeitsbereichen ist. Und wie gravierend sich perspektivisch die Anforderungen an Servicetechniker und deren Ausbildung ändern könnten.

PRODUKTION IN LOSGRÖSSE 1

Auch im Bereich der Produktion haben sich neuen Technologien etabliert, die nicht nur eine Vereinfachung von bisherigen Produktionsverfahren mit sich bringen, sondern einer Revolution gleichkommen. Allen voran sei hier der 3D-Druck genannt.

Der 3D-Druck ermöglicht mittlerweile die Herstellung von Objekten und Bauteilen sowohl aus Kunststoff wie auch aus Metall. Der besondere Charme liegt hierbei an unterschiedlichen Stellen: Zum einen können sehr einfach und kostengünstig Prototypen hergestellt werden, die früher in langwieriger manueller Arbeit erstellt werden mussten. Zum anderen ist aber auch möglich, neue Formen zu erstellen, die mit bisherigen Produktionsverfahren nicht möglich waren.

Dazu zählen beispielsweise Objekte mit komplexen Hohlräumen, die nicht gefräst oder gebohrt werden konnten.

Der mit Abstand aber wesentlichste Faktor ist die Produktion in **LOSGRÖSSE 1**, also die automatisierte Herstellung des eigentlichen Produktes in genau der Stückzahl 1.

Dies ermöglicht es, direkt auf die individuellen Anforderungen des Kunden in Bezug auf Form, Farbe und Größe eingehen zu können – ohne die hohen zeitlichen und finanziellen Aufwände bei früheren, größtenteils manuellen Herstellungsverfahren.

Der 3D-Druck setzt also das Paradigma der Standardisierung, das seit der 2. industriellen Revolution vorherrschte, außer Kraft, da plötzlich auch die Produktion von Einzelstücken kostengünstig realisierbar ist.

Dies kann perspektivisch einen gewaltigen Umbruch im Bereich der Produktionsprozesse mit sich bringen, denn nicht nur die Art, wie produziert werden kann, ändert sich, sondern vor allem auch die Erwartungshaltung der Kunden in Bezug auf die Individualität, die Kosten und die Geschwindigkeit bei der Herstellung von Produkten.

CROWDSOURCING

Vor dem Hintergrund der globalen Vernetzung, sozialer Netzwerke und neuer Ausbildungs- und Berufsbilder hat sich eine weitere Entwicklung immer stärker etabliert: Crowdsourcing. Hierbei handelt es sich nicht um einen technologischen Ansatz, sondern um eine organisatorische Art, wie mit kreativen Aufgabenstellungen, etwa in der Problemlösung oder mit Innovationsfragen, umgegangen wird.

Während bis heute insbesondere Neu- und Weiterentwicklungen in Unternehmen häufig nur durch festangestellte Mitarbeiter übernommen werden, liegt die Idee des Crowdsourcings darin, die Aufgabenstellung öffentlich zu machen und so Interessierten weltweit die Möglichkeit zu geben, sich an der Lösungsentwicklung zu beteiligen. Dies kann entweder aus reinem Spaß und Interesse an der Aufgabenstellung geschehen oder aus kommerziellen Gründen, weil für die Lösung ein Preisgeld oder eine Erfolgsbeteiligung ausgelobt wurde.

Ein besonders beeindruckendes Beispiel für Crowdsourcing ist **LM3D SWIM**, ein von Local Motors in Zusammenarbeit mit Siemens und IBM per Crowdsourcing konstruiertes Elektro-Automobil, das komplett per 3D-Druck in Serie produziert wird. So zeigen sich die Potenziale der Digitalisierung bzw. die Verbindung der einzelnen Themenaspekte in ihrem Zusammenhang.

Die zugrundeliegende Idee von Crowdsourcing ist die Annahme, dass irgendwo auf der Welt schon jemand eine Lösung für das Problem gefunden hat, an dem man selbst gerade verzweifelt. Moderne, digitale Kommunikationsplattformen und das Internet ermöglichen es heute, diese Leute **GREIFBAR** zu machen und in die Prozesse zu integrieren. Was bis vor einigen Jahren nur akademischen Instituten und Interessenverbänden vorbehalten war, ist somit heutzutage auch im Kleinunternehmen denk- und umsetzbar: die Nutzung des Wissens und der Kreativität der gesamten vernetzten Welt.

MOBILITÄT VON WAREN UND LEISTUNGEN

Analog zum Bezug von globalen Leistungen, etwa Kreativleistungen im Rahmen des oben genannten Crowdsourccings, bietet die globale datentechnische und infrastrukturelle Vernetzung die Möglichkeit, Waren und Dienstleistungen einem quasi weltweiten Kundenkreis anbieten zu können.

Dienst- oder Beratungsleistungen können in dieser **CLICK ECONOMY** de facto im eigenen Wohnzimmer erbracht und weltweit monetarisiert werden. Ebenso ermöglichen Logistiker die Lieferung von Waren und Gütern bis an die entlegensten Ecken der Welt.

Was aus Sicht der Konsumenten wie auch der Produzenten mit einer gewaltigen Flexibilität und einem schier endlosen Schatz an Möglichkeiten einhergeht, birgt aber auch die Gefahr, dass die eigenen Produkte und Leistungen irgendwo auf der Welt von jemandem preisgünstiger angeboten werden.

Globale Plattformen im Internet dienen hierbei als Anlaufstelle für beide Seiten, Anbieter wie Nachfrager, und schaffen ein so hohes Maß an Markttransparenz, dass kein Unternehmen sich auf seinem Kundenstamm ausruhen kann.

Besonders interessant ist hierbei jedoch die Perspektive, dass eine Partei immer ihre Umsätze realisieren kann: die Anbieter ebendieser Plattformen, die Angebot und Nachfrage zusammenbringen. Die hierin gesammelten Informationen sowie die Zugänge zu Produzenten und Kunden zählen in vielen Fällen bereits mehr als das produzierte und gelieferte Gut an sich.

BIG DATA UND DAS INTERNET DER DINGE

Genau an dieser Stelle setzt der Megatrend **BIG DATA** an: die Sammlung und Auswertung von großen Mengen an Informationen.

Heute werden so gut wie alle digitalen Informationen gesammelt, gespeichert, angereichert, korreliert und ausgewertet. Dies umfasst die auf Facebook gespeicherten Beiträge inhaltlich ebenso wie die bei Amazon bestellten Artikel oder die reinen Nutzungsdaten, wann wer wie von wo auf Internetinhalte zugegriffen hat.

Aus reinen Daten werden Informationen gewonnen, aus Informationen wird Wissen und dieses Wissen kann anschließend monetarisiert werden – über den Verkauf zielgerichteter Werbeeinblendungen im Browser genauso wie über eine zielgenauere Kundenansprache.

Aber nicht nur Menschen hinterlassen digitale Daten, die gesammelt und ausgewertet werden. Auch Maschinen tun dies.

Unter dem Oberbegriff **INTERNET DER DINGE** werden Konzepte entwickelt, in denen Maschinen direkt mit Maschinen kommunizieren, Daten übermitteln oder Informationen über die eigene Funktionalität protokollieren. Auch diese Daten lassen sich zu Geld machen – direkt oder indirekt.

Ein typisches Beispiel aus dem Themenfeld **INDUSTRIE 4.0** ist die dauerhafte Erfassung und Auswertung von Produktionsdaten, um Abweichungen und Fehler zu identifizieren, deren Behebung dann wiederum zu einer effizienteren Produktion führen. Eine effizientere Produktion bedeutet geringere Stückkosten und somit mehr Ertrag.

Aber auch nach der Auslieferung an den Kunden kommt die Sammlung von Maschinendaten zum Einsatz, etwa um Verschleiß- und Wartungsarbeiten besser planen zu können. Sind beispielsweise die Informationen über den Servicezustand einer Maschine im Vorfeld bekannt, kann der Servicetechniker direkt alle notwendigen Ersatzteile mit sich führen, gesammelt austauschen und somit Fahrzeiten und -kosten einsparen.

Dieses Einsparungspotenzial und der Komfort für den Endkunden bringen ein bisher ungekanntes Maß an Transparenz über Personen und die Organisation mit sich.

Dies wiederum bietet die Möglichkeit, vollkommen neue Geschäftsmodelle zu entwickeln – denn wer sagt denn, dass man eine Maschine immer komplett kaufen, finanzieren oder leasen muss? Warum sollte man nicht auf Basis der gesammelten Daten einfach pro Werkvorgang bezahlen? Für den Kunden würde die Maschine nur dann Geld kosten, wenn sie auch benutzt wird. Für den Hersteller würde die Maschine dauerhaft Umsatz generieren und nicht nur zum Zeitpunkt des Verkaufs.

Die Möglichkeiten von datengestützten Geschäftsmodellen sind schier grenzenlos. Deshalb: Daten sind der neue Produktionsfaktor.

KÜNSTLICHE INTELLIGENZ

Aktuell nimmt eine weitere Technologie, die künstliche Intelligenz, immer mehr Themenbereiche für sich in Anspruch. Was in der öffentlichen Wahrnehmung vor einigen Jahren mit Apples Siri begann, findet sich heute im Hintergrund bereits in einer Vielzahl von kommerziellen Softwarelösungen.

Hierbei stellen die großen, im Bereich Big Data gesammelten, global vernetzten Datenbestände die Basis für das autonome Lernen und die Weiterentwicklung der künstlichen Intelligenzen. Diese sind mittlerweile so weit fortgeschritten, dass sie nicht mehr nur nach vorgegebenen Algorithmen zur Verfügung stehende Daten auswerten, sondern sich selbst kontinuierlich weiterentwickeln, auf bereits gelernten Informationen aufsetzen und so zu neuen Schlussfolgerungen kommen können. Durch die Möglichkeit, Informationen nicht nur aus strukturierten Datenbanken, sondern auch aus Fließtexten entnehmen zu können (Natural Language Processing), stehen hierfür im Internet schier unbegrenzte Informationsquellen zur Verfügung.

IBM Watson, Google DeepMind, Microsoft Cortana, Salesforce Einstein sind nur einige der Lösungen, die auf diese Weise vorgehen, um in der Medizin, der Bild- und Spracherkennung oder der Service-Automatisierung zu unterstützen.

So setzen moderne Collaboration-Systeme mittlerweile fast durchgehend auf KI-Systeme, um beispielsweise den Maileingang zu filtern, Aufgabenlisten zu priorisieren oder Verbesserungsvorschläge für die Selbstorganisation zu unterbreiten. Sie automatisieren Standardtätigkeiten, analysieren

Verhaltensmuster und halten so dem Benutzer einen Spiegel vor, der in seiner Objektivität teils hart, aber doch immer gerecht ist.

Aus diesem Grund erhält die künstliche Intelligenz in viele sachbearbeitende Berufsbilder Einzug. So ersetzte eine japanische Versicherung beispielsweise rund ein Viertel ihrer Sachbearbeiter durch eine künstliche Intelligenz. Die Beweggründe dabei waren vor allem ein Zuwachs an Produktivität und die Einsparung von Personalkosten. Das System kann Namen und Daten der Versicherten auswerten, anhand der Krankengeschichte Verletzungen bewerten und Auszahlungen berechnen, was den menschlichen Bearbeitern in dieser Form nicht möglich ist.

Insbesondere im Bereich der medizinischen Diagnostik wird auf der Grundlage formalisierten Fachwissens, einer Fülle an Informationen und der beschriebenen Symptome durch künstliche Intelligenzen nach Erkrankungen gesucht. Die Komponenten der persönlichen Erfahrung des Arztes sowie der Emotion, die bei jedem Menschen in so einem Falle auf der Suche nach einer Diagnose für einen Patienten mitschwingt, bleiben so außen vor.

Eine Beurteilung, ob dies generell gut oder schlecht ist, wäre sicher vermessen an dieser Stelle. Fest steht jedoch, dass die Kombination und die Unterstützung mit einer künstlichen Intelligenz den Menschen in diesem Falle helfen und spezielles Wissen in diesem Bereich auch in Regionen zugänglich ist, die im Allgemeinen über eine schlechtere Flächendeckung medizinischer Versorgung verfügen.

Es ist davon auszugehen, dass die künstliche Intelligenz einen immer stärkeren Einzug in unsere Arbeit und unser tägliches Leben erhalten wird – teilweise offensichtlich, teilweise auch subtil und verdeckt. Aber doch allgegenwärtig.

Die im vorangegangenen Abschnitt aufgeführten Beispiele zeigen, dass die künstliche Intelligenz perspektivisch das Potenzial hat, weit mehr als ein reines Werkzeug zu sein. Sie wird in vielen Bereichen nicht nur die menschliche Arbeit erleichtern oder ersetzen, sondern in einigen Jahren auch die Stelle von Menschen einnehmen.

Spätestens zu diesem Zeitpunkt werden Abteilungen, Arbeitsgruppen und Teams nicht mehr nur aus menschlichen, sondern aus menschlichen und nicht-menschlichen Mitgliedern bestehen. Die künstlichen Intelligenzen werden als mehr oder weniger gleichberechtigte Kollegen in Erscheinung treten, mit denen auf die gleiche Art und Weise zu interagieren sein wird, wie dies auch mit den menschlichen Kollegen der Fall ist.

Das wissenschaftliche Themengebiet der **HUMAN-AGENT INTERACTION** setzt sich bereits heute mit den damit verbundenen Fragestellungen auseinander, wie die Schnittstellen zwischen Mensch (**HUMAN**) und Maschine (**AGENT**) aussehen könnten und sollten.

Einen kleinen, aber tiefgründigen Einblick in diese Zukunft bieten bereits heute sprachgesteuerte Systeme mit Apple Siri oder Amazon Alexa. Der Werbespot von Amazon, in dem die Protagonistin in der Küche stehend wie selbstverständlich fragt: **ALEXA, WIE VIELE TEELÖFFEL SIND EIN ESSLÖFFEL?**, zeigt auf, wie die Rollenverteilung in einem zukünftigen, gemischten Team im ersten Schritt aussehen könnte: Eine gestellte Aufgabe wird im Team gelöst, in dem der Mensch die Zutaten zusammenführt und die künstliche Intelligenz die notwendigen Informationen zur Verfügung stellt.

Was in dieser Ausführung etwas skurril und sarkastisch klingen mag, kann aber in der Realität gewaltige Mehrwerte mit sich bringen, da reines Fach- und Sachwissen nicht mehr zwangsläufig in den Köpfen der Mitarbeiter vorgehalten werden muss. Diese können sich somit voll und ganz auf ihre jeweiligen Kompetenzen fokussieren. Natürlich ist diese Art der Aufgabenteilung nicht grundsätzlich neu. Neu sind die konkreten **SPIELER**.

Aber wie in jedem guten Spiel sollten im Vorfeld die Spielregeln und die jeweiligen Erwartungshaltungen geklärt werden, um böse Überraschungen zu vermeiden. So sollte etwa geklärt sein, welche Erwartungshaltungen an die jeweiligen Teammitglieder gestellt werden: Braucht ein menschliches Teammitglied noch umfassendes Fachwissen? Muss die künstliche Intelligenz sich an bisher rein zwischenmenschliche Kommunikations- und Höflichkeitsregeln halten?

Aber auch: Darf die künstliche Intelligenz menschliche Entscheidungen in Frage stellen? Wer entscheidet in letzter Instanz?

Viele dieser Fragestellungen und der damit verbundenen Regelwerke entspringen heute noch Überlegungen der Science-Fiction, werden aber in nicht allzu ferner Zukunft direkt in unserer Arbeitswelt zur Anwendung kommen müssen.

SCHLÜSSELERKENNTNISSE

Als Fazit lassen sich in Bezug auf die technologischen und kulturellen Aspekte der Digitalisierung folgende Schlüsselerkenntnisse zusammenfassen.

4. NEUE ENTWICKLUNGS- UND PRODUKTIONSVERFAHREN LÖSEN BISHERIGE VERFAHREN AB

Eine Vielzahl von neuen Technologien hat mittlerweile Marktreife erreicht und wird in Produktion und Service eingesetzt. Lösungen wie 3D-Druck und immer leistungsfähigere Roboter ermöglichen flexible und kostengünstige Produktion ab der **LOSGRÖSSE 1**.

Im Bereich der Wartung von Maschinen schafft Augmented Reality die Basis dafür, die Systeme auch ohne langwierigen Wissensaufbau bei Mitarbeitern überwachen und pflegen zu können.

Gesellschaftlich besonders interessant ist das Crowdsourcing, bei dem die Aufgabenstellungen von einer großen Gruppe nicht fest angestellter, interessierter Experten gelöst werden. Das sich hieraus ergebende Innovationspotenzial ist gewaltig.

5. DIGITALES WIRD (IST!) SELBSTVERSTÄNDLICH

Auch wenn Unternehmen und IT-Abteilungen es teilweise noch nicht wahrhaben wollen: Die digitale Vernetzung ist bereits in der Mitte unseres Lebens angekommen. Bereits kleine Kinder tragen ein internetfähiges Smartphone mit sich. Millionen Menschen überwachen täglich ihre Körperfunktionen mit digitalen Assistenzsystemen und das **SMART HOME** ist bei Neubauprojekten bereits Realität.

All diese Beispiele prägen die Anforderungen und Erwartungshaltungen von Kunden wie Mitarbeitern. Niemand versteht mehr, warum beispielsweise die Freischaltung einer neuen Software oder einer neuen Funktionalität im geschäftlichen Kontext Wochen dauert, während dies im privaten Kontext im Internet mit wenigen Klicks innerhalb von Sekunden erledigt ist.

Diese Erwartungshaltungen müssen ernst genommen werden – denn der Markt an Alternativen ist riesig und ein Wechsel schnell vollzogen.

6. KÜNSTLICHE INTELLIGENZEN WERDEN EIN FESTER BESTANDTEIL UNSERES LEBENS

Der Einzug von künstlichen Intelligenzen ist bereits in vollem Gange. Hierbei sind die Übergänge zwischen der maschinellen Auswertung riesiger Datenmengen, der automatisierten Erstellung von Hinweisen und Prioritäten sowie der „echten", sich selbst weiterentwickelnden und lernenden künstlichen Intelligenz sehr fließend.

Schon heute sind KI-Systeme in der Lage, aus gesammelten Daten Wissen zu generieren, das nicht nur als Unterstützung und Entscheidungsgrundlage von Menschen genutzt werden kann, sondern menschliche Arbeit in einigen Teilbereichen vollständig ersetzt.

Perspektivisch schickt die künstliche Intelligenz sich an, sämtliche standardisierten und wiederkehrenden wissensbasierten Tätigkeiten zu übernehmen und somit die Aufgabenteilung und das Selbstverständnis von Arbeit in Unternehmen wie in unserer Gesellschaft vollständig zu verändern.

ARBEITSVORLAGE: FRAGESTELLUNGEN

Viele der in diesem Abschnitt beschriebenen Ansätze und Aspekte finden sich bereits in der Öffentlichkeit und den Unternehmen. Haben Sie sich bereits mit ihnen auseinandergesetzt?

Nutzen Sie die folgenden Fragestellungen, um eine eigene Standortbestimmung durchzuführen und mögliche erste Ansatzpunkte zu identifizieren.

" INFORMIEREN SIE SICH REGELMÄSSIG ÜBER AKTUELLE THEMEN, TRENDS UND ENTWICKLUNGEN? WENN JA – IN WELCHER FORM? KONSUMIEREND IN MEDIEN (INTERNET, TV, LITERATUR) ODER AUCH INTERAKTIV IN DISKUSSIONEN?

....

....

....

....

....

....

" WAS SAGEN IHNEN BEGRIFFE WIE BLOCKCHAIN,
4D-DRUCK (RICHTIG GELESEN: 4D) UND IOT?
WÄREN SIE IN DER LAGE, DIESE KURZ ZU ERLÄUTERN?

....

....

....

....

....

....

" HABEN SIE SCHON EINMAL BLUMEN UND LEBENSMITTEL
IM INTERNET BESTELLT UND SICH LIEFERN LASSEN?

....

....

....

....

....

....

,, SIND IHNEN DIE GRUNDSÄTZE DER DIGITALEN AGENDA
DER BUNDESREGIERUNG BEKANNT?

....

....

....

....

....

....

,, KENNEN SIE DIE FÖRDERINITIATIVE „MITTELSTAND
4.0" DES BUNDESMINISTERIUMS FÜR WIRTSCHAFT UND
ENERGIE (BMWI) MIT IHREN KOMPETENZAGENTUREN BEI-
SPIELSWEISE ZU CLOUD, PROZESSEN UND KOMMUNIKATION?

....

....

....

....

....

....

INTERPRETATIONSANSÄTZE ZU DEN FRAGESTELLUNGEN

Die aufgeführten Fragestellungen könnten unter anderem die folgenden Überlegungen nach sich ziehen.

BLEIBEN SIE AUF DEM LAUFENDEN

Die mit der Digitalisierung verbundenen Entwicklungen sowie die digitale Transformation (Revolution!) vollziehen sich in rasender Geschwindigkeit. Ein möglicher Informationsvorsprung kann in diesem Zusammenhang von entscheidender Bedeutung sein, sodass das regelmäßige Sammeln von Informationen und das Auseinandersetzen mit den Themen zentrale Rollen im Umgang mit der Digitalisierung einnehmen.

Für einen möglichen Informationsvorsprung empfehlen sich eine regelmäßige, breite Informationssammlung sowie der aktive Austausch mit anderen. Die offene Diskussion mit anderen Interessierten öffnet Horizonte und bietet die Möglichkeit, in diesem komplexen Themenfeld von Erfahrungen anderer zu profitieren.

NUTZEN SIE DIE UNTERSTÜTZUNG VON POLITIK UND VERBÄNDEN

Die **DIGITALE AGENDA** der Bundesregierung sowie weitere Förderprogramme und Initiativen der Wirtschaftsministerien stellen wichtige Informationsquellen nicht nur für Unternehmen, sondern auch für Mitarbeiter und Bürger dar.

Das Bundesministerium für Familie, Senioren, Frauen und Jugend durchleuchtet die Anforderungen und Folgen der Digitalisierung unter gesellschaftlichen Gesichtspunkten. Ebenso haben zahlreiche Wirtschaftsverbände eigene Positions- und

Strategiepapiere im Zusammenhang mit dem digitalen Wandel veröffentlicht. Diese können natürlich allesamt nicht in Gänze den Anspruch an Vollständigkeit und jederzeit gegebene Aktualität haben – wohl aber sind sie wertvolle Impulsgeber und helfen, die beteiligten Themengebiete immer besser greifen und einordnen zu können. Besonders aktuell ist hierbei die **DIGITALE AGENDA DES MITTELSTANDES** des BVMW, in der nicht nur der Rahmen der digitalen Transformation aufgezeigt wird, sondern auch viele Forderungen formuliert werden, um die Transformation erfolgreich meistern zu können.

SPIELTRIEB: PROBIEREN SIE ES AUS!

Die Frage nach der Bestellung von Blumen oder Lebensmitteln im Internet ist durchaus ernst gemeint. Probieren Sie es aus! Gleiches gilt für viele der genannten technologischen Entwicklungen und Trends.

Dank der globalen Verfügbarkeit von Clouddiensten und einer mittlerweile sehr großen Fülle an technischen **SPIELZEUGEN**, sind viele der aufgeführten Technologien sehr kostengünstig zu erwerben und auszuprobieren.

Die eigene Erfahrung mit beispielsweise der Einfachheit von Onlinediensten, der Leistungsfähigkeit von 3D-Brillen für den Besuch virtueller Realitäten oder der globalen Verfügbarkeit von Waren und Leistungen wird Ihnen die Augen dafür öffnen, **WAS HEUTE SCHON GEHT** und mit welchen potenziellen Mitbewerbern Sie vielleicht in Zukunft konfrontiert sein werden.

Es wird sehr schwer werden, mit dem technologischen Fortschritt und dem gesellschaftlichen Wandel Schritt zu halten, wenn man keine eigenen Erfahrungen mit diesen Themen sammelt.

WELCHE DREI TO-DOS KÖNNEN SIE FÜR SICH DIREKT DAVON ABLEITEN?

1. ....
....
....

2. ....
....
....

3. ....
....
....

DER MENSCH IN DER DIGITALEN TRANSFORMATION

Nicht nur Unternehmen, sondern jeder einzelne Mitarbeiter wird – angesichts der fortschreitenden Entwicklung und der damit verbundenen neuen Möglichkeiten – mit der Digitalisierung konfrontiert. Jeder Berührungspunkt wird sich auf ihn auswirken und ihn mehr oder weniger verändern – sein Weltbild, seine Erwartungshaltung, aber auch die von ihm benötigten Kompetenzen, um mit den neuen Elementen mithalten und arbeiten zu können.

In den ersten drei Phasen der industriellen Revolution war die Veränderung maßgeblich durch den Zugewinn an neuen Werkzeugen geprägt. Gerade wenn man die Arbeitsweise der 2. industriellen Revolution heranzieht, wird die aktuelle Kehrtwende unserer heutigen Zeit deutlich: Im Zeitalter der Fließbandarbeit war durch eine Simplifizierung der Arbeit für den Menschen eigenes Denken und improvisiertes Handeln kontraproduktiv und unerwünscht, da es die Taktung verlangsamte.

Die Fähigkeiten, die ein Mitarbeiter damals mitbringen musste, bewegten sich fernab jeglicher Kreativität und auch ein Hinterfragen oder Mitgestalten von Arbeitsabläufen war nicht gewünscht. Das Mittel zur Erlangung von Qualität war ein monotoner und genau definierter, immer gleichbleibender Arbeitsablauf. Die Kontrolle des Ergebnisses war somit für den Vorgesetzten ebenso einfach wie das Ergreifen von Maßnahmen zur Verbesserung der Produktivität. Hinterfragen und an derartigen Veränderungen gar Mitsprache zu haben, war nicht Aufgabe des ausführenden Mitarbeiters. Auch die Austauschbarkeit eines Einzelnen war somit einfacher, da das Anforderungsprofil nicht sehr komplex war.

HERAUSFORDERUNGEN DES DIGITALEN WANDELS

In der aktuellen Phase der 4. industriellen Revolution ist die Frage nach den benötigten Kompetenzen und der Art der Arbeit eine gänzlich andere.

Im Umgang mit einer Fülle an Informationen ist hier gerade die Fähigkeit zu denken unerlässlich. Daten sind ein neuer Rohstoff, den es zu beurteilen und verarbeiten gilt, zunehmend mit Hilfe von künstlichen Intelligenzen und einer schier unversiegbaren Quelle an Informationen aus allen Teilen der Welt. Der gesteuerte und schlussendlich auch profitable Umgang mit diesen Rahmenbedingungen ist nicht nur für Unternehmen von massiver Bedeutung. Er betrifft die gesamte Gesellschaft, in der wir uns bewegen – als Unternehmen genauso wie als einzelner Mensch.

Der Zugang zu Informationen und das Finden ist jedem bekannt, der zu einem bestimmten Thema eine Recherche im Internet beginnt. Es sind nicht nur Wikipedia-Einträge und fach- oder produktbezogene Artikel verfügbar. Sucht man im Internet nach Stichworten und Themen, so eröffnet es einem eine schier endlose Fülle an Informationen, die es schon heute zu selektieren und bewerten gilt. Dazu zählen auch Inhalte, die von anderen Nutzern in Foren oder Blogs produziert werden. Betrachtet man heute außerdem den Zuwachs an Content aus sozialen Netzen, ist ganz deutlich, dass sich diese Inhalte aus allen Teilen der globalisierten Welt zusammensetzen. Und das in beide Richtungen: Eine Person ist nie nur Konsument von Informationen und Inhalten. Auch der selbst produzierte Input in sozialen Netzen hat eine weltweit unbegrenzte Reichweite.

Dies hat mehrere Konsequenzen: Zum einen natürlich einen nahezu unbegrenzten Zugang zu Informationen, außerdem einen stark erkennbaren Wandel der kulturellen Einstellung von derartigen Medien und Plattformen.

Es ist absolut normal, schon heute Teil dieser Netze zu sein und Informationen über sich selbst zu teilen. Ob die Reichweite im Einzelnen immer realistisch bedacht wird, sei dahingestellt. Trotzdem: Geteilt wird nahezu alles.

Darüber hinaus ist aber zunehmend die Frage nach der Qualität der Informationen eine wichtige. Wenn quasi jede Person Inhalte zur Verfügung stellen kann, wo wird dann die Güte sichergestellt? Dies gilt sowohl für den Kontext der sozialen Netze als auch für den Zuwachs an Informationen im Rahmen der Arbeit. Hier sind es neben genannten Quellen und Effekten auch zunehmend Maschinen und Systeme, die Daten bzw. Informationen generieren.

Diese Entwicklung hat mehrere Facetten. Einerseits sehen sich die Menschen mit der Situation konfrontiert, gegebenenfalls durch eine Maschine in ihrer aktuellen Jobrolle ersetzt zu werden.

Eine weitere Bedrohung steckt potenziell in dem blinden Vertrauen auf Daten und das Sichverlassen einzig auf die von Systemen interpretierten Informationen. Auch Maschinen sind nicht immer fehlerfrei.

Mit diesen Facetten gehen aber andererseits vor allem neue Herausforderungen einher, die es schon heute zu erkennen und anzunehmen gilt. Es werden neue Jobrollen entstehen und Mitarbeiter werden neue Kompetenzen benötigen, um die aufgezeigten Herausforderungen meistern zu können. Die neu geforderten Fähigkeiten sind jedoch nicht nur fachlicher Natur. Sie greifen viel weiter und früher in das Leben des Menschen ein und werden das Gesellschaftsbild zunehmend prägen.

BENÖTIGTE KOMPETENZEN

Um auf die Frage zu antworten, welche Kompetenzen in der neuen, digitalen Welt benötigt werden, hilft ein Blick in die **FUTURE OF JOBS SURVEY** des Weltwirtschaftsforums in Davos aus dem Jahr 2018. Diese stellt die prognostiziert benötigten Kompetenzen des Jahres 2022 den Kompetenzen gegenüber, die im Jahr 2022 von einer abnehmenden Bedeutung sein werden.

TRENDING SKILLS IN 2022

1 → Analytical thinking and innovation
2 → Active learning and learning strategies
3 → Creativity, originality and initiative
4 → Technology design and programming
5 → Critical thinking and analysis
6 → Complex problem solving
7 → Leadership and social influence
8 → Emotional intelligence
9 → Reasoning, problem-solving and ideation
10 → Systems analysis and evaluation

DECLINING SKILLS IN 2022

1 → Manual dexterity, endurance and precision
2 → Memory, verbal, auditory and spatial abilities
3 → Management of financial, material resources
4 → Technology installation and maintenance
5 → Reading, writing, math and active listening
6 → Management of personnel
7 → Quality control and safety awareness
8 → Coordination and time management
9 → Visual auditory and speech abilities
10 → Technology use, monitoring and control

Quelle: Future of Jobs Survey, World Economic Forum 2018

Viele der aufgeführten benötigten Kompetenzen sind bei etwas Nachdenken selbsterklärend. Einige sollte jedoch besonderes Augenmerk erhalten, da sie insbesondere vor dem Hintergrund der beschriebenen Aspekte der Digitalisierung und der digitalen Transformation von entscheidender Bedeutung sind.

Nachfolgend werden die in diesem Zusammenhang hervorstechenden Kompetenzen tiefergehend beschrieben und interpretiert – jedoch nicht strikt nach der tabellarischen Auflistung, sondern in einem logisch besser nachvollziehbaren Zusammenhang.

KREATIVITÄT

Ein Merkmal, das weiterhin von wesentlicher Bedeutung sein wird, ist das kreative Denken und Handeln.

Dies wundert nicht, wenn wir an erfolgreiche Unternehmen denken, die mit ihrer starken Innovationskraft durch augenscheinlich einfache Ideen zu Global Playern expandierten. Die Fähigkeit, Ideen zu entwickeln und somit Innovationen anzustoßen, ist unbestritten ein ausschlaggebender Punkt für den Erfolg von Unternehmungen.

Der Prozess der Ideenfindung ist jedoch alles andere als trivial. Die Menschen, die daraus neue Produkte oder Geschäftsmodelle entwickeln, müssen in der Lage sein, auf neue und phantasievolle Weise Gedanken spielen zu lassen und, basierend auf ihrer Erfahrung und sehr hohen allgemeinen kognitiven Fähigkeiten, Ideen zu entwickeln. Dies funktioniert natürlich nicht auf Knopfdruck, wie jeder aus eigener Erfahrung weiß, der sich vornimmt, nun eine gute Idee zu haben – beruflich wie privat. Ideen entstehen manchmal aus zufälligen Gesprächen, kommen scheinbar aus dem Nichts und verschwinden wieder.

Kreative Menschen lassen sich generell schwer in Stereotype einordnen. Zum Teil wird ihnen nachgesagt, unstrukturiert zu sein und gar paradox zu denken. Ein sehr prominentes Beispiel dafür ist Apple-Gründer Steve Jobs.

Er war nicht nur ein Visionär, sondern ist bis heute als Person bekannt, die oft im Zusammenhang mit revolutionären Ideen genannt wird. Mit seinen Ideen und Produkten hat er bestehende Märkte disruptiv eingenommen – man denke an die Musikindustrie oder die CD durch die Entwicklung des iPod.

Er ist aber auch ein gutes Beispiel für die Beschreibung einer kreativen Persönlichkeit: Er sei eingebildet, selbstherrlich, exzentrisch, anmaßend, besessen, herrschsüchtig und ungeduldig gewesen. Auch Größenwahn wurde ihm nachgesagt. Jobs selbst hingegen definiert Kreativität anders:

KREATIVITÄT HEISST: DINGE MITEINANDER VERBINDEN. WENN SIE KREATIVE MENSCHEN FRAGEN, WIE SIE ETWAS GESCHAFFEN HABEN, FÜHLEN SIE SICH EIN BISSCHEN SCHULDIG, WEIL SIE GAR NICHT WIRKLICH ETWAS GETAN, SONDERN NUR ETWAS GESEHEN HABEN. ES WAR EINFACH OFFENSICHTLICH FÜR SIE. DESWEGEN WAREN SIE FÄHIG, ERFAHRUNGEN ZU VERBINDEN UND NEUE DINGE ZU KREIEREN.

Es liegt auf der Hand, dass es in Zukunft nicht eine tausendfache Ausführung von Steve Jobs geben wird. Das prominente Beispiel zeigt aber griffig, dass kreative Köpfe auch vielfältige Persönlichkeitsstrukturen haben, die es in ein Team zu integrieren gilt. Blickt man noch einmal auf die zunehmend wichtigen Skills der Mitarbeiter, dann ist das Aufkommen dieser Menschen in Zukunft in einem Team viel höher und macht es irgendwann sogar gänzlich aus. Denn aufgrund der Veränderung und Anforderung in und an Unternehmen kann man auf diese Menschen nicht verzichten.

Daher ist es in diesem Zusammenhang wichtig, sich vor Augen zu führen, dass zukünftig eine Gruppe von risikofreudigen, manchmal tagträumenden und zum Teil vielleicht exzentrischen Persönlichkeiten in den Büros von morgen zu finden sein wird.

Eigenschaften wie die oben beschriebenen sind elementar wichtig für Menschen, um zukünftig in einer sich immer schneller verändernden Welt mit einer riesigen Fülle an Informationen und Daten neue Ideen entwickeln zu können. Ein hohes Maß an Denkvermögen ist für die Verbindung von Ideen und dem Schaffen für Neues nötig.

Um Innovationen entwickeln zu können, benötigen kreative Menschen aber nicht nur die eben beschriebenen Merkmale sowie ein angemessenes Maß an Verantwortungsgefühl. Vielmehr ist für die zielführende Entfaltung auch ein entsprechendes Unternehmensklima Grundvoraussetzung, damit sie ihre Kreativität entfalten können.

KRITISCHES DENKEN

Bezieht man in die Überlegungen zur Kreativität und zur Verknüpfung von vorhandenen Informationen noch einmal die Möglichkeiten von künstlichen Intelligenzen mit ein, wird klar, dass Denken im Sinne von informationsbasierter Entscheidungsfindung im Zweifel auch durch eine Maschine zu erledigen ist.

Die Möglichkeiten einer sinnvollen Unterstützung von Tätigkeiten wie Sachbearbeitung oder in der Diagnostik sind schon thematisiert worden. Eine Erleichterung – keine Frage.

Was aber, wenn die Ergebnisse und Entscheidungen, die von einem System ausgegeben werden, schlichtweg falsch sind, weil sie auf fehlerhaften Informationen beruhen? Rein technisch sind alle Verbindungen und Prozesse korrekt, aber das Ergebnis ist es vielleicht trotzdem nicht.

Im Falle eines falsch berechneten Versicherungsbescheids ist die Auswirkung für den Betroffenen allenfalls ärgerlich. Denkt man nun aber an die medizinische Diagnostik, so ist die Tragweite ungleich größer.

Ein einfaches Beispiel dazu: Die bildgebende Diagnostik weist einen dunklen Fleck auf einem Organ aus und das intelligente System stützt darauf maßgeblich eine Diagnose, die entsprechende Therapien und Behandlungen nach sich zieht. Ohne Hinterfragen der Diagnose wird ein Mensch einer Behandlung ausgesetzt. Doch was, wenn der genannte Fleck nur Schatten einer Wunde ist und nicht wie angenommen von einer behandlungswürdigen Erkrankung stammt? Dann müsste der betreffende Patient nicht nur eine unnötige Behandlung über sich ergehen lassen, sondern zusätzlich in dem Bewusstsein einer schweren Erkrankung leben, die er gar nicht hat.

Das Beispiel zeigt, dass allen intelligenten Technologien zum Trotz das Hinterfragen der gegebenen Informationen durch den Menschen unerlässlich bleibt.

Die Fähigkeit, kritisch zu denken, liegt grundsätzlich in der Natur des Menschen. Wird sie aber nicht geschult, entstehen Ergebnisse auf einem verzerrten Bild der Realität und sind von Vorurteilen behaftet.

Diese Skills zu fördern, ist gerade vor dem aufgezeigten Hintergrund in Zukunft wichtiger denn je, sowohl bei jedem Einzelnen als auch innerhalb von Teams.

Die Fähigkeit des kritischen Denkens grundsätzlich ist menschlich und vorhanden, sie darf aber nicht verkümmern oder fehlgesteuert sein. Etwa durch Stillstand und Vorurteile von Erfahrungen und Informationen aus der Umwelt.

Kritisches Denken erfordert ein hohes Maß an Verantwortung von jedem Einzelnen, und das sowohl im privaten Kontext als auch im beruflichen.

Menschen, die die Fähigkeit, kritisch zu denken, gut trainiert und ausgebildet haben, sammeln und beurteilen Informationen mit Hilfe abstrakter Ideen und sind in der Lage, diese im Verhältnis zu geltenden Normen abschließend zu beurteilen. Gerade im Zusammenhang mit den beschriebenen Eigenschaften kreativer Menschen ist kritisches Denken wichtig, denn dies bringt auch eine Offenheit gegenüber anderen Denkansätzen mit sich und bewertet diese, ohne voreingenommen zu sein. Ein Baustein, um die Innovationskraft weiter voranzutreiben. Mit den Eigenschaften geht außerdem eine klare Kommunikationsweise einher, um Fragestellungen und Probleme zielorientiert zu besprechen und zu lösen.

Das Denken oder vielmehr die Fähigkeit des menschlichen Denkens, die hier zum Tragen kommt, ist eine, die nicht einfach durch Maschinen ersetzt werden kann. Unter Betrachtung der Funktionsweise von künstlicher Intelligenz liegen diese genannten Erkenntnisse auf der Hand. Ein System kann basierend auf Informationen nach Logiken und unter Einbezug und Verarbeitung einer großen Menge an Daten Entscheidungen treffen und somit selbst denken. Menschliches Denken bzw. vor allem Fühlen wird im Gehirn jedoch nicht durch künstlich nachbildbare elektrische Ströme hervorgerufen. Eigenschaften wie Bauchentscheidungen zu treffen, kritisch zu hinterfragen, von der Norm abweichende, kreative Wege zu sehen und zu gehen, bleiben neben Skills wie Empathie, Sympathie und Kritikfähigkeit – aktuell – dem Menschen vorbehalten.

ANALYTISCHES DENKEN

Auch wenn es im ersten Moment vor dem Hintergrund der soeben beschriebenen analytischen Fähigkeiten von künstlichen Intelligenzen widersprüchlich erscheint: Ergänzend zum kritischen Denken wird auch das analytische Denken weiter an Bedeutung zunehmen.

Dieser Punkt wird nachvollziehbar, wenn man die steigende Komplexität der uns umgebenden Systeme berücksichtigt. Häufig wird in diesem Zusammenhang der ursprünglich aus dem Militärischen stammende Begriff **VUCA** verwendet – ein Akronym für Volatility (Unbeständigkeit), Uncertainty (Unsicherheit), Complexity (Komplexität) und Ambiguity (Mehrdeutigkeit). **VUCA** beschreibt eine Welt, in der sich technologische, politische, gesellschaftliche und wirtschaftliche Rahmendaten so schnell ändern und so stark miteinander verwoben sind, dass sie auf den Einzelnen undurchschaubar wirken und ein hohes Maß an Unsicherheit gepaart mit Zukunftsängsten erzeugen.

Ein möglicher Ausweg aus dieser Situation ist die Schaffung eines Verständnisses für das, was passiert, und die Entwicklung einer eigenen Vision davon, wie sich die Dinge wahrscheinlich weiterentwickeln werden, um sich selbst positionieren zu können.

Globale, komplexe und mehrdeutige Zusammenhänge mit ihren vielfältigen Wechselwirkungen können jedoch nur mit Hilfe ausgeprägter analytischer Fähigkeiten nachvollzogen werden. Dies ist für ein flexibles, agiles Reagieren in einer schnelllebigen Welt zwingend notwendig.

Natürlich können perspektivisch weite Teile davon auch von künstlichen Intelligenzen übernommen werden – aber wie soll eine kritische Betrachtung (kritisches Denken!) der Ergebnisse möglich sein, wenn nicht der eigene Verstand soweit mitanalysiert hat, dass Plausibilitäten bewertet werden können?

EMOTIONALE INTELLIGENZ

Neben Kreativität sowie kritischem Hinterfragen und analytischem Denken ist eine andere urmenschliche Eigenschaft zukünftig unverzichtbar für einen Mitarbeiter: emotionale Intelligenz.

Das Prinzip und die Wichtigkeit von emotionaler Intelligenz ist keine Erscheinung des digitalen Wandels. Seit Ende der 1990er Jahre hat diese Fähigkeit zunehmend Einzug in Stellenprofile gehalten. Die Anforderung gewinnt an Bedeutung, je mehr Personalverantwortung eine Position mit sich bringt. Arbeitnehmer und hier vor allem aktuelle und potenzielle Führungskräfte sind also generell gut beraten, im Interesse der eigenen Karriere ihre emotionale Intelligenz zu schulen und somit ihre eigenen Erfolgschancen zu verbessern. Nun ist hier aber der Blickwinkel noch viel weiter gefasst, als nur gute Tipps für die individuelle Karriereplanung geben zu wollen. Die vorangegangenen Ausführungen haben gezeigt, dass sich die Anforderungen an Mitarbeiter aufgrund von schnellen Veränderungen durch Technologien und intelligente Systeme verändern. Insbesondere die Fähigkeiten **KREATIVITÄT** und **KRITISCHES DENKEN** gehen mit vielfältigen und anspruchsvollen Persönlichkeitsstrukturen einher, die Personen mit diesen Skills mitbringen.

Wenn sich zukünftig also Gruppen aus derart starken Persönlichkeiten zusammensetzen, werden sich auch Klima und Dynamik der Gruppen verändern. Diese Entwicklung erfordert gerade in den zwischenmenschlichen Beziehungen ein hohes Maß an Empathie und sozialen Fähigkeiten.

Emotionale Intelligenz setzt sich jedoch nicht nur aus Empathie und sozialen Fähigkeiten zusammen. Menschen, die über ein hohes Maß an emotionaler Intelligenz verfügen, bringen außerdem eine gute Selbstwahrnehmung mit und sind in der Lage, sich selbst gut zu strukturieren und sich und auch andere zu motivieren.

Denkt man an die zu erwartenden Veränderungen unserer Arbeitswelt – zunehmende Aufgabenerfüllung durch Maschinen und Systeme sowie Teammitglieder, die ein hohes Maß an Kreativität und kritischem Denken mitbringen –, wird schnell deutlich, dass der Anspruch emotionaler Intelligenz nicht auf die Führungskraft beschränkt werden kann. Für das Arbeiten in diesen Teams müssen alle Mitglieder – sofern sie menschlich sind – diese Fähigkeiten mitbringen oder im Zweifel schulen.

Dass das Fehlen dieser Eigenschaften kontraproduktiv sein wird, kann man sich an ganz einfachen Situationen vor Augen führen. Zuvor wurde dargestellt, dass kreative Menschen, wie beispielsweise Steve Jobs, mitunter sehr exzentrisch sein können. Fehlt den Teammitgliedern in einer solchen Situation das Maß an Selbstbeherrschung und Verständnis anderer Positionen, eskalieren Diskussionen über Erkenntnisse oder Ideen. Das Ergebnis wäre nebensächlich und es würde sich ausschließlich darum drehen, recht zu haben und seine Idee durchzusetzen. Die Einzelnen arbeiten nicht produktiv miteinander, sondern verfallen aufgrund der starken Persönlichkeitsstrukturen in Streit und Konfrontation.

Auf diese Persönlichkeiten zu verzichten, ist jedoch keine Option – unabhängig davon, wie herausfordernd das Arbeiten sein mag. Denn schlussendlich sind derartige kreative Querköpfe auch die, die durch Ideen und Innovationskraft die Wertschöpfung im Zuge des Wandels beschleunigen und voranbringen können. Wer als Unternehmen nach vorne kommen will, muss auf diese speziellen, engagierten Individualisten bauen und sich ihnen öffnen. Die Veränderung ist zwar sicher eine Herausforderung, aber gleichzeitig eine Chance mit beachtlichem Potenzial für all diejenigen, die aktiv daran arbeiten. Sowohl individuell als auch als Unternehmen.

LEADERSHIP UND SOZIALER EINFLUSS

Teilweise auf emotionale Intelligenz aufbauend, ist Leadership nicht nur in dieser Auflistung, sondern auch in der allgemeinen Wahrnehmung eine der zentralen Kompetenzen der Zukunft.

Doch was ist eigentlich Leadership? Leadership ist die Sammlung von Fähigkeiten, die es dem Träger ermöglichen, mit seinem Team komplexe Problemstellungen bearbeiten und lösen zu können. Die Betonung liegt hierbei auf **KOMPLEXE PROBLEM-STELLUNGEN**, betrifft also Situationen, die viele, teilweise noch unbekannte Einflussfaktoren haben und in der Regel in dieser Form noch nicht vorgekommen sind.

Dies ist der wesentliche Unterschied zum Management, bei dem es sich zwar auch um eine Art von Führung handelt, die sich jedoch eher mit der Adressierung von bekannten Aufgabenstellungen mit Hilfe von vorgefertigten Prozessen und Fahrplänen befasst.

Um neuartige, komplexe Aufgabenstellungen im Team bearbeiten zu können, erfordert Leadership hohe visionäre, empathische und kommunikative Fähigkeiten des Leaders, da er es fertigbringen muss, durch die richtigen Fragestellungen alle Mitglieder seines Teams in die Richtung der (vorher unbekannten!) Problemlösung zu lenken.

Der ebenfalls als benötigtes Kompetenzfeld benannte soziale Einfluss steht hierbei in einem direkten Zusammenhang zu den aufgeführten empathischen und kommunikativen Fähigkeiten. Sozialer Einfluss und Leadership bedingen und fördern sich somit gegenseitig.

AKTIVES LERNEN UND INDIVIDUELLE LERNSTRATEGIEN

Bei allen bis zu dieser Stelle aufgeführten Kompetenzen handelt es sich jedoch nicht um Geschenke, die einem in die Wiege gelegt werden. Auch das Wissen um neue Technologien, neue Möglichkeiten oder sich verändernde Rahmenparameter fallen nicht einfach vom Himmel, sondern wollen erarbeitet werden.

Einiges kann man sich anlesen oder eine Schulung dazu besuchen. Anderes wird durch Erfahrung aufgebaut. Allen Aspekten gemein ist, dass sie erlernt und trainiert werden können.

Jedoch lernen Menschen nicht alle auf die gleiche Weise. Deshalb ist ein jeder gefordert, basierend auf dem jeweils individuellen Lerntypus und -verhalten eigene Strategien zu entwickeln, wie neues Wissen angeeignet werden kann.

Nicht zuletzt durch die hohe Technisierung, das Internet und Dienste wie Trailhead, Udemy oder Blinkist war der Zugang zu Wissen noch nie einfacher. Dies ermöglicht das oft angeführte lebenslange Lernen im Zweifel vom eigenen Sofa aus – man muss es nur tun. Was genau zu den nachfolgenden Punkten Eigenverantwortung und Initiative überleitet.

INITIATIVE UND EIGENVERANTWORTUNG

Wie in den vorangegangenen Abschnitten schon zwischen den Zeilen herauszulesen war, basieren viele der aufgeführten Kompetenzen und Fähigkeiten letztlich auf dem eigenen Anspruch, sie erwerben zu wollen.

Vieles ist in unserer agilen und schnelllebigen Welt nicht mehr so geradlinig und vorgezeichnet, wie es noch in der Generation vorher der Fall war. Darum besteht bei vielen der Wunsch, die Dinge selbst in die Hand zu nehmen und lenken zu wollen.

→ Kreativität möchte Neues gestalten

→ Analytisches und kritisches Denken möchte verstehen und hinterfragt

→ Aktives Lernen hat den Anspruch, aktuelle Entwicklungen zu kennen und damit interagieren zu können

→ Leadership nimmt die Menschen im sozialen Umfeld mit ins Boot, um gemeinsam Ziele zu erreichen

Genau diese Motivation und Initiative, auf **NEUES** zuzugehen, die Verantwortung für die eigene Weiterentwicklung zu übernehmen und nicht stehenzubleiben, ist in einer sich durch die Digitalisierung immer weiter beschleunigenden Welt der Transformation zwingend notwendig. Wer sich nicht selbst motiviert und weiterentwickelt, wird auf Dauer mit dem Wandel nicht Schritt halten können.

KOMPETENZEN MIT ABNEHMENDER BEDEUTUNG

Besonders spannend ist auch die Betrachtung der Kompetenzen, die laut dem Bericht im Jahr 2022 einen abnehmenden Stellenwert haben werden.

Vor dem Hintergrund der fortschreitenden Automatisierung von Abläufen und der immer weiter steigenden Nutzung von zentralen (Cloud-)Diensten dürfte es nicht verwundern, dass Fähigkeiten etwa im Bereich der manuellen Ausführung oder der Wartung und Pflege von Systemen an Bedeutung verlieren.

Anders verhält es sich jedoch auf den ersten Blick mit dem Punkt **PERSONALMANAGEMENT**, der ebenfalls nicht mehr in der Form gefragt sein wird, wie dies heute der Fall ist. Kann das sein? Und wenn ja, wieso?

Die Antwort hierauf findet sich in der Liste der bedeutender werdenden Kompetenzen, beispielsweise:

→ Analytical thinking and innovation

→ Active learning and learning strategies

→ Leadership and social influence

Wird in der Welt von morgen, in der die Mitarbeiter Situationen eigenverantwortlich analysieren und kritisch hinterfragen, in der sie sich mittels eigener Lernstrategien kontinuierlich weiterbilden und über Leadership-Fähigkeiten und sozialen Einfluss stets das Beste aus sich und ihrem Team herausholen – wird in dieser Welt – wirklich noch die Fähigkeit benötigt, Personal zu **VERWALTEN?**

An dieser Stelle sei nochmals auf den Unterschied zwischen Management und Leadership hingewiesen: Management – wie auch in **PERSONALMANAGEMENT** – verwaltet bereits bekannte Situationen. Leadership schafft Lösungen in bisher unbekannten Situationen und Aufgabenstellungen.

Peter Drucker, ein Pionier der modernen Managementlehre, sagte hierzu einmal treffend: „Management is doing things right; leadership is doing the right things."

Dieses Zitat sollte man sich immer wieder vor Augen führen, wenn über die Kompetenzen und Organisationsformen der Zukunft nachgedacht wird. Es geht darum, das **RICHTIGE** zu tun!

NEUE WEGE DER ARBEIT

Neben dem Wandel von geforderten Kompetenzen fließen weitere Aspekte in die fortschreitende Neuausrichtung der Arbeit ein.

Vorangegangen ist bereits eine Vielzahl an Beispielen für neue Wege der Wertschöpfung und veränderte Geschäftsmodelle inklusive der damit einhergehenden Chancen und Risiken. Doch auch die Art der Arbeit im klassischen Sinne verändert sich.

Bisher war die Definition von Arbeit gebunden an einen festen Ort und ein klar strukturiertes Zeitfenster. Man denke beispielsweise an klassische Bürozeiten. Durch die zunehmende Flexibilisierung des Ortes verändert sich dieses Konstrukt. Mobiles Arbeiten und die ortsunabhängige Verfügbarkeit aller Arbeitsgeräte – Notebook, Tablet, Handy – und Informationen machen das physische Erscheinen in den Büroräumen unnötig zur Erfüllung der Aufgaben.

Mit dieser räumlichen Flexibilität geht auch eine Ausdehnung der gewohnten Kernzeiten einher. Ist das Büro virtuell allerorts verfügbar, ist der Mitarbeiter für seine Arbeit auch nicht mehr an die Zeit im Büro gebunden. Man kann also seine Dokumentation auch frühmorgens oder spätabends von unterwegs erledigen. Der Austausch mit Kollegen oder Geschäftspartnern, die in anderen Zeitzonen arbeiten, kann ebenfalls unabhängig vom Arbeitsplatz erfolgen.

Der Zuwachs an globalen Teams, die aufgrund von Zeitverschiebungen ohnehin auf den Verzicht von ortsgebundenen Kernarbeitszeiten angewiesen sind, beschleunigen dieses Szenario zunehmend. Mit der fehlenden Anwesenheit steigt unweigerlich auch die Verantwortung jedes Einzelnen zur Erfüllung seiner Aufgaben. Wie lange und wann genau dies geschieht, ist dabei zweitrangig bis irrelevant, da einzig das Ergebnis zählt und der Mitarbeiter dafür Sorge trägt, egal wann und wo.

Zur Verantwortung, die jeder Einzelne zunehmend für das eigene Arbeitsergebnis trägt, kommt ein weiterer Aspekt hinzu: Wer weniger kontrolliert wird und vermehrt Freiheiten genießt, der benötigt auch ein angemessenes Maß an Disziplin, die Aufgaben entsprechend dem gewünschten Ergebnis zu erzielen. Das Prinzip ist nicht neu, denkt man an Erfahrungen mit Hausarbeiten im Studium oder Home-Office-Tagen im Job. Um zu vermeiden, dass die Wohnung auf Hochglanz geputzt, aber die Arbeit nicht erledigt ist, muss man die nötige Disziplin aufbringen. Weiß man, dass einem dies eher schwerfällt, kann man – auch heute noch – etwaige Home-Office-Regelungen schlichtweg nicht für sich in Anspruch nehmen und darauf in Abstimmung mit dem Arbeitgeber verzichten.

Wandelt sich aber zunehmend die Arbeitskultur respektive der Rahmen der Arbeitserfüllung, wie soeben geschildert, ist ein Ausweichen vor der eigenen Verantwortung und Organisation der Arbeit perspektivisch schwerer. Anders gesprochen: Die Selbstdisziplin ist schlichtweg aufzubringen. Auch im eigenen Interesse, um Aufgaben nicht vor sich herzuschieben und sich so – im Sinne des gerne herangezogenen Prinzips der Work-Life-Balance – nicht die Zeit für andere Dinge zu nehmen.

NEUE FÜHRUNGSMETHODEN

Mit dem geschilderten Zuwachs an Ortsunabhängigkeit und steigender Verantwortung des Mitarbeiters für das Ergebnis geht auch unweigerlich eine Veränderung des Führungsverhaltens einher.

In den Ausführungen zu den Top-10-Skills der Mitarbeiter in den kommenden Jahren ist bereits auf der Ebene des Einzelnen klargeworden, wieso bestehende Prinzipien und Anforderungen sich verändern: Es braucht kreative Querköpfe mit dem richtigen Maß an emotionaler Intelligenz. Die Welt, in der wir uns bewegen, wandelt sich stark, neue Faktoren, neue Mitspieler und neue Herausforderungen kommen hinzu. Bestehende Führungsstile und Methoden sind auf diese neuen Rahmenparameter nicht ausgelegt, weil sie diese nicht berücksichtigen.

Dies wird deutlich, wenn man sich vor Augen hält, wie heute oftmals noch die Produktivität von Mitarbeitern bewertet und gemessen wird. In der Regel werden Kennzahlen wie die Arbeitsstunden pro Woche, die produzierte Stückzahl pro Stunde oder die reine Anwesenheitszeit im Büro als Leistungsindikatoren genutzt. Diese sind aber in einer zeitgemäßen Betrachtungsweise nahezu irrelevant – was zählt, ist das Ergebnis. Aber insbesondere dann, wenn das Ergebnis oder die Leistung des Mitarbeiters in **KREATIVITÄT**, **KRITISCHEM DENKEN** oder **EMOTIONALER INTELLIGENZ** besteht, sind nur schwerlich harte Kennzahlen zu finden, die dies greifbar machen.

An dieser Stelle sind in hohem Maße die individuellen Fähigkeiten der Führungskraft gefragt, einen Mitarbeiter oder ein Team eben ohne diese harten Kennzahlen führen zu können.

Betrachtet man vor dem Hintergrund der Ideenfindung und Innovationskraft die Kreativität der Mitarbeiter, die für Herausforderungen unterschiedliche Wege und Ansätze sehen, stellt sich die Frage, wie die Leistung der Mitarbeiter dann miteinander vergleichbar ist. Und das ist hier nicht nur auf die Vielfalt der Ergebnisse bezogen, sondern vor allem auf den Gesichtspunkt der Steuerung. Denkt man noch einmal an die Erkenntnisse aus der Zusammensetzung der Kompetenzen, so birgt es Konfliktpotenzial, wenn sich ein Einzelner benachteiligt fühlt, obwohl eine neue Idee doch einen möglichen Weg darstellt.

Darin steckt noch ein weiterer Aspekt: Wie soll eine Führungskraft – in aktuellen, noch hierarchischen Strukturen gedacht – zukünftig dieser Entwicklung alleine gerecht werden, wenn die Schnelligkeit durch die Fülle an Daten, Informationen und technischen Systemen durch einen Menschen nicht adäquat zu begreifen ist?

Auch aus dieser Perspektive setzt sich die Entwicklung der Eigenverantwortung des Mitarbeiters selbst fort. Führungskräfte müssen dieses verstehen und akzeptieren lernen. Sie müssen sich mit Offenheit und Flexibilität neu positionieren und ihre Steuerungsrolle den Gegebenheiten anpassen. Um eine Führungsrolle zu übernehmen, ist ein erhöhtes Maß der geforderten Kompetenzen – allen voran Leadership – eine Grundvoraussetzung. Denn bei aller Offenheit, Selbstdisziplin und Eigenverantwortung würde eine derartige Führungsrolle sich andernfalls nicht erkennbar von der Rolle der anderen Teammitglieder abheben. Jedoch gilt es, loszulassen und sich darauf einzulassen, um mit der Veränderung in die Rolle zu wachsen und sie somit entsprechend den Einflussfaktoren auch ausfüllen zu können.

UNTERNEHMENSKULTUR UND LEADERSHIP

Damit eine Führungskraft auch in Zukunft ein guter Leader sein kann, müssen von ihr neben den vorangegangenen Herausforderungen noch weitere gemeistert werden. Betrachtet man die Unternehmenskultur, ist der Begriff im ersten Moment noch gut greifbar. Die Möglichkeiten der Einflussnahme auf eine Unternehmenskultur sind jedoch weit weniger griffig.

Folglich ist auch die Kultur der Unternehmen ein Aspekt, der in der digitalen Transformation Beachtung finden muss. Die Kultur einer jeden Organisation ist einzigartig, weil sie von den speziellen Einflussfaktoren und nicht zuletzt von den Menschen getragen wird, die entscheiden und leiten. Überhaupt ist jeder einzelne Mitarbeiter zugleich Träger und Bestandteil der Unternehmenskultur. Einen Wandel herbeizuführen – gezielt –, ist ein langfristiges Unterfangen, das aufgrund von Subtilität stets zu beobachten und justieren ist.

Dieses Prinzip ändert sich auch zukünftig nicht grundlegend. Das Maß an Einflussfaktoren und Veränderung, mit dem eine Unternehmenskultur konfrontiert ist, wird jedoch zunehmen. An dieser Stelle sind daher vor allem die Aufmerksamkeit und das Bewusstsein dafür maßgeblich, um Veränderungen zu erkennen und ein gutes Gespür zu bekommen, diese in die bestehende Kultur einzubetten und negativen Entwicklungen frühzeitig entgegenzuwirken.

FRÜHERZIEHUNG

Betrachtet man die bisher in diesem Kapitel aufgeführten Aspekte, so wird schnell deutlich, dass die Digitalisierung sich nicht nur auf die Technologie und Prozesse auswirkt, sondern ganz massiv auf den Menschen an sich. Neue Kompetenzanforderungen, sich verändernde Führungsmethoden und eine nachhaltige Unternehmenskultur, die den Wandel unterstützt, sind wesentliche Aspekte der zukünftigen Arbeitswelt.

Die spannende Erkenntnis an dieser Stelle ist, dass wir diese Aspekte nicht erst im Unternehmensumfeld werden umsetzen können. Die Grundlagen hierfür, für kreatives Denken, für kritisches Hinterfragen und für emotionale Intelligenz werden im Menschen wesentlich früher gelegt. So werden wir nicht umhinkommen, kommende Generationen so früh wie möglich an diese sich ändernden Anforderungen heranzuführen und entsprechende Fähigkeiten zu fördern.

Zum einen umfasst dies natürlich den Abbau von Berührungs-
ängsten in Bezug auf technologische Entwicklungen und Gerät-
schaften. Dieser Punkt wird in der öffentlichen Diskussion sehr
häufig angeführt: Kinder müssen früh mit Technik in Berührung
kommen, um keine Angst davor zu haben. Richtig!

Richtig ist aber auch, dass Kinder diese Berührungsängste
ohnehin nicht haben – wohl aber viel zu oft ihre Eltern. Und diese wiederum projizieren ihre eigenen Berührungsängste mit
Computer, iPad, Facebook und Co. auf ihre Kinder.

In vielen Diskussionen proklamieren Eltern, dass **TECHNO-
LOGIE KINDER VEREINSAMEN LÄSST, DAS INTERNET MIT
SEINEN INHALTEN GEFÄHRLICH IST UND KINDER MIT EINEM
TABLET DIE GANZE NACHT IM INTERNET SURFEN, WENN MAN
ES IHNEN NICHT STRIKT VERBIETET.**

Ist aber ein striktes Verbot oder eine strenge zeitliche Limitie-
rung z. B. der Internetnutzung die Lösung? Spiegelt das eine
gute Vorbereitung auf die spätere Lebensrealität wider?

Nein. Strikte Regeln und fest vorgegebene Verhaltensweisen
sind das Sinnbild der geforderten Verhaltensweisen der 2. industriellen Revolution, nicht aber die richtige Grundlage für die Entwicklung von kreativen, kritischen und einfühlsamen Individuen.
Diese Attribute werden Kinder nur entwickeln können, wenn sie
selbst Erfahrungen sammeln können und dazu angeregt werden, Dinge zu hinterfragen.

Die selbst erworbene Erkenntnis eines Kindes, das die ganze
Nacht im Internet aktiv war und am nächsten Tag völlig über-
müdet in der Schule sitzt und feststellt, dass das nicht sinnvoll
war, ist wesentlich zielführender als die strikte Kontrolle der
Internetnutzung durch die Eltern.

Als anschauliches Vergleichsbild sei hier der Süßigkeiten-konsum genannt: Kinder, die zuhause niemals Schokolade essen dürfen, werden dies bei der ersten Gelegenheit so lange tun, bis ihnen schlecht ist. Verbotenes ist spannend. Gleiches gilt bei der Nutzung des Internets.

Natürlich soll dies nicht bedeuten, dass wir unsere Kinder nicht grundsätzlich vor Schaden bewahren sollen. Wir sollten ihnen aber den notwendigen Spielraum lassen, eigene Erfahrungen zu sammeln und an ebendiesen Erfahrungen zu wachsen. Dies gilt für Schokolade ebenso wie für die Nutzung des Internets und sozialer Medien.

Wichtig ist, sie hierbei nicht alleine zu lassen und mit ihnen ge-meinsam das Gesehene und Erlebte zu reflektieren. Was sind wichtige Informationen, was ist Spam? Wo lauert eine versteckte Gefahr hinter einer harmlosen Fassade? Welche Möglichkeiten könnte man noch nutzen und welche Dinge noch ausprobieren? So geht es nicht, hast du es schon mal auf diese Weise versucht?

Im Digitalen gilt wie in der analogen Welt: Ausprobieren, Hin-terfragen und Erleben erweitern den eigenen Horizont, und das ist heute mehr denn je wichtig für den Erwerb der notwendigen Kompetenzen für das spätere berufliche und gesellschaftliche Leben. Hiermit kann gar nicht früh genug begonnen werden.

SCHLÜSSELERKENNTNISSE

Zusammenfassend lassen sich folgende Schlüsselerkenntnisse identifizieren, die für einen erfolgreichen Veränderungsprozess in den Unternehmen wie in der gesamten Gesellschaft zu berücksichtigen sind.

7. DIGITALE TRANSFORMATION SETZT ALLE FAKTOREN VORAUS

Die digitale Transformation spielt sich nicht nur im Bereich von Technologien und geänderten Produktionsverfahren ab. Sie basiert auf neuen Technologien, entfaltet ihre Wirkung aber in den Prozessen sowie am Menschen selbst, der mit sich ändernden Kompetenzanforderungen konfrontiert ist. Nur wenn sich Mensch, Prozess und Technologie im Einklang befinden, kann die digitale Transformation erfolgreich verlaufen.

8. UNTERNEHMENSKULTUR UND FÜHRUNGS-METHODEN MÜSSEN PASSEN

Die digitale Transformation bringt in sehr vielen Bereichen einen fundamentalen Wandel mit sich. Die Unternehmenskultur muss diesen Wandel ermöglichen und unterstützen. Neue Arbeitsweisen und Kompetenzen bringen den Bedarf an neuen Führungsmethoden mit sich, die weniger auf Hierarchien und Kennzahlen und mehr auf Agilität und Potenziale ausgerichtet sind. Unter dem Stichwort **LEADERSHIP** sind Personen aller Hierarchieebenen gefragt, den Wandel zu ermöglichen, zu begleiten und zu lenken.

9.

DER MENSCH MUSS SEINE ROLLE NEU DEFINIEREN

In einer Welt mit neuen Technologien, automatisierten Abläufen und künstlichen Intelligenzen muss der Mensch seine Rolle neu definieren. Er wird nicht mehr alleinige Produktivkraft im Unternehmen sein, sondern auch wissensbasierte Aufgaben vermehrt an intelligente Werkzeuge abgeben. Dies ändert die Art der Arbeit und die damit verbundenen Kompetenzanforderungen. Kreativität, analytisches und kritisches Denken sowie Leadership-Fähigkeiten in Verbindung mit dauerhafter Lernbereitschaft und einem hohen Maß an Eigeninitiative – also **WEICHE** Skills – ersetzen hierbei zunehmend **HARTES WISSEN**.

ARBEITSVORLAGE: FRAGESTELLUNGEN

Besonders die notwendigen Veränderungsprozesse für die Belegschaft stellen die Unternehmen vor gewaltige Herausforderungen. Das Spannungsverhältnis zwischen vorpreschenden und festgefahrenen Mitarbeitern entpuppt sich als einer der großen Stolpersteine der digitalen Transformation.

Die Augen davor zu verschließen, bietet aber keine langfristige Perspektive. Nur ein aktives, aber besonnenes Angehen der Herausforderungen wird eine Zukunft für Unternehmen und Mitarbeiter bieten können.

Hierzu sollten die folgenden Aspekte beleuchtet werden.

WELCHE ART VON MITARBEITERN BESCHÄFTIGT IHR UNTERNEHMEN HEUTE? FLIESSBANDARBEITER, INGENIEURE ODER KREATIVE? WIE IST DIE PROZENTUALE VERTEILUNG?

....

....

....

....

....

....

" WIE IST DIE ALTERSSTRUKTUR IN IHREM UNTER-
NEHMEN? WELCHER TEIL DER BELEGSCHAFT WIRD IN DEN
KOMMENDEN 24 MONATEN IN DEN RUHESTAND GEHEN?

....

....

....

....

....

....

" NACH WELCHEN KRITERIEN ODER KENNZAHLEN
BEWERTEN SIE IHRE MITARBEITER? BETRACHTEN SIE
VOR ALLEM HARTE ZAHLEN (ARBEITSSTUNDEN, VERAR-
BEITETE EINHEITEN PRO STUNDE ETC.) ODER POTENZIALE
BEI MITARBEITERN?

....

....

....

....

....

....

" SETZT IHR UNTERNEHMEN AUSSCHLIESSLICH AUF
EIGENE MITARBEITER ODER KOMMEN EXTERNE UND/ODER
FREIE MITARBEITER ZUM EINSATZ?

....

....

....

....

....

....

" FALLS EXTERNE ZUM EINSATZ KOMMEN, IN WELCHEN
BEREICHEN? WIRD EXTERNES WISSEN BEISPIELSWEISE
AUCH IN DER PRODUKTENTWICKLUNG GENUTZT?

....

....

....

....

....

....

" GIBT ES EINE PLATTFORM FÜR DEN AUSTAUSCH DER MITARBEITER ALLER ARBEITS- UND FACHBEREICHE? Z. B. REGELMÄSSIG ANGEBOTENE BETRIEBSTREFFEN ODER DIGITALE FOREN?

....

....

....

....

....

....

" IST IHR UNTERNEHMEN IN DER LAGE, VERBESSERUNGSVORSCHLÄGE ODER KREATIVE IDEEN VON MITARBEITERN AUFZUNEHMEN UND ZU VERARBEITEN? WENN JA – IN EINEM STARREN PROZESS ODER FLEXIBEL NACH BEDARF?

....

....

....

....

....

....

" HABEN SIE EINE EIGENE DEFINITION VON LEADERSHIP?
WIRD DIESES PRINZIP IN IHREM UNTERNEHMEN GELEBT?

....

....

....

....

....

....

INTERPRETATIONSANSÄTZE ZU DEN FRAGESTELLUNGEN

Insbesondere in Bezug auf die menschlichen und sozialen Aspekte der Digitalisierung wären folgende Überlegungen und Interpretationen möglich.

HALTEN SIE SICH DEN SPIEGEL VOR

Es ist immer schwer, innerhalb eines Veränderungsprozesses die notwendigen Maßnahmen zur Zielerreichung zu definieren und zu priorisieren, wenn nicht bekannt ist, wo der Ausgangspunkt liegt. Ein kritischer Blick auf den Status quo aus Sicht der Unternehmensführung, des Personalbereiches sowie der Mitarbeitervertretung ist eine gute Basis für ebendiese Standortbestimmung. Wichtig ist hierbei, die gesammelten Informationen nicht direkt werten oder widerlegen zu wollen – nur in der Gesamtheit der Einschätzungen werden Sie ein realitätsnahes Bild des Unternehmens bekommen.

BIETEN SIE AUSTAUSCHPLATTFORMEN

Die Unternehmens- und Führungskultur sind wesentliche Bausteine einer erfolgreichen digitalen Transformation. Beides sollte Mitarbeiter aktiv einbinden, um Hintergrundwissen zu bieten und Vorbehalte abzubauen. Auch wenn es riskant erscheinen mag: Ermöglichen Sie einen breiten Austausch zwischen Ihren Mitarbeitern. Dieser sorgt dafür, dass die späteren Ergebnisse von allen getragen werden. Denken Sie immer daran: Kreativität und kritisches Denken sind erwünscht, emotionale Intelligenz ist von ihnen gefordert.

FÖRDERN SIE INNOVATIONSBEREITSCHAFT

Jeder Veränderungsprozess muss vorangetrieben werden. Oftmals sind es nur wenige Mitarbeiter, die durch innovative Ideen, Begeisterungsfähigkeit und gute Argumente viele mit sich ziehen. Finden und fördern Sie diese Ideengeber. Stellen Sie Ressourcen zur Verfügung und Reputation in Aussicht. Sie werden überrascht sein, welche Ergebnisse Sie so erreichen können.

WELCHE DREI TO-DOS KÖNNEN SIE FÜR SICH DIREKT DAVON ABLEITEN?

1. ....
....
....

2. ....
....
....

3. ....
....
....

AUSBLICK

Die **DIGITALISIERUNG** sowie die sich aus der immer weiter fortschreitenden Technisierung ergebende **DIGITALE TRANSFOR-
MATION** mit ihren unternehmerischen, politischen und gesellschaftlichen Konsequenzen sind die bestimmenden Themen der
letzten Jahre. Sei es in den Medien, in politischen oder sozio-
ökonomischen Diskussionen oder dem Marketing von IT-Kon-
zernen – an **DIGITALISIERUNG** kommt niemand vorbei.

Mit diesen Worten haben wir dieses Buch begonnen und:
Sie werden noch für viele weitere Monate und Jahre gelten.

Die heute sichtbaren neuen Technologien, Verfahren, Lösungen
und konkreten Anwendungsbeispiele stellen bisher nur die
Spitze des Eisberges dar. Insbesondere die weitere Verbrei-
tung von künstlichen Intelligenzen, die steigende Vernetzung
von Mensch zu Maschine und Maschine zu Maschine sowie
sich daraus ergebende Möglichkeiten, Daten und Informationen
zu neuem Wissen zusammenzusetzen, werden unsere Welt
in einem bisher nie dagewesenen Maße und in einer unvorstell-
baren Geschwindigkeit verändern.

Unsere Gesellschaft und wir als Menschen werden uns an diese
Welt anpassen müssen und stehen vor der Herausforderung,
unsere Rolle hierin zu finden.

Wir werden erfahren, dass diese neue Welt neue Anforderungen
mit sich bringt; Anforderungen an die Art, wie wir denken, wie wir
handeln, wie wir uns selbst organisieren und wie wir uns selbst
definieren. Wir werden neue Kompetenzen entwickeln müssen
und anderen, als antiquiert geltenden Kompetenzen wieder zu
einer neuen Renaissance verhelfen müssen.

Gerade in einer Welt, in der wiederkehrende Standardtätigkeiten oder informationsbasierte Prozesse zunehmend von intelligenten Systemen übernommen werden, müssen wir uns auf unsere menschlichen Fähigkeiten – die Fähigkeiten, die bisher nicht von Maschinen übernommen werden können – konzentrieren: den Aufbau sozialer Beziehungen, konstruktiven Austausch und kritischen Diskurs intrinsisch motivierte Neugier und vorbehaltloses Denken. Diese Kompetenzen helfen uns, die vielfältigen Möglichkeiten der Digitalisierung nutzbringend einzusetzen und von der digitalen Transformation zu profitieren. Diese Fähigkeiten müssen bei unseren Kindern so früh wie möglich gefördert und entwickelt werden, um ihnen einen zukunftsweisenden Platz in unserer Gesellschaft zu ermöglichen.

GESELLSCHAFTLICHER RAHMEN UND WERTESYSTEM

Jeder ist an dieser Stelle gefragt: die Elternhäuser, unser Bildungssystem, Vereine, Interessenverbände, Unternehmen, die Politik und jeder Einzelne im persönlichen Kontakt mit seinen Mitmenschen. Denn nur, wenn wir als Gesellschaft die Bedeutung und Reichweite der aktuellen Entwicklungen erkennen und verinnerlichen, werden wir sie meistern können.

Hierzu gehört aber auch das Wissen, dass es nicht nur Gewinner der Digitalisierung geben wird.

Durch eine zunehmende intelligente Automatisierung werden sich nicht nur zahlreiche Berufsbilder verändern, sondern einige auch komplett entfallen. Sachbearbeiter werden durch künstliche Intelligenzen ersetzt, Sekretariatsmitarbeiter durch digitale Assistenzsysteme, Werker am Fließband durch immer leistungsfähigere Roboter. Aber auch Ärzte werden dadurch betroffen sein – denn moderne Bilderkennung und lernende Systeme werden schneller und zielsicherer Diagnosen stellen können.

Juristen werden ihre Stelle überdenken müssen, wenn Datenanalysesysteme in riesigen Datenbanken schneller Gesetzestexte und Referenzurteile auffinden und vor diesem Hintergrund automatisiert Vergleiche zwischen den Parteien aushandeln. Kaum eine Berufsgruppe wird sich den Veränderungsprozessen entziehen können.

Dies wird natürlich unmittelbare Konsequenzen für unsere Sozialsysteme mit sich bringen, denn schließlich sollte jeder finanziell in der Lage sein, ein würdiges Leben führen zu können. Das bedingungslose Grundeinkommen könnte perspektivisch ein möglicher Lösungsansatz hierfür sein.

Die weitaus größere Herausforderung für unsere Gesellschaft liegt allerdings nicht in der Finanzierung der Bürger und der Sozialsysteme, sondern darin, auch denjenigen Menschen ein sinnstiftendes Leben zu ermöglichen, die dann nicht mehr als Arbeitskräfte benötigt werden. Keine leichte Aufgabe in einer Gesellschaft, die insbesondere in Deutschland nach dem Leistungprinzip funktioniert und in der der Wert eines Menschen in sehr hohem Maße nach seiner Produktivität im Berufsleben bemessen wird.

Es ist eine Sache, sein tägliches Leben finanziell abgesichert zu wissen, aber eine ganz andere, einen Sinn in seinem Leben auch außerhalb der Arbeitswelt zu finden. Zwar ist dies keine neue Erkenntnis, denn schließlich kann diese **SINNKRISE** bei nahezu jedem Einstieg in den Ruhestand beobachtet werden – sie wird aber in Zukunft weitaus mehr und vor allem auch weitaus jüngere Menschen, Menschen mit wenig bis keiner Lebenserfahrung, betreffen. Eine Jahrhundertaufgabe.

Und die Lösung kann und darf nicht sein, große Teile der Bevölkerung mit einer gesicherten Grundversorgung und einer multimedialen Dauerberieselung von ihrer Situation abzulenken. Dies würde unweigerlich zu einer sozialen, kulturellen und intellektuellen Abwärtsspirale führen, wie sie an einigen Stellen schon in Ansätzen zu beobachten ist.

Nein, die Lösung muss als Ziel einen aufgeklärten, wachen und kreativen Menschen haben, der sozial und kulturell gebildet die Mehrwerte der Digitalisierung in konkreten Nutzen zu transportieren weiß – innerhalb und außerhalb des Berufslebens.

Denn warum soll nicht – positiv formuliert – gewonnene Lebenszeit beispielsweise dazu genutzt werden, unseren scheinbar in Vergessenheit geratenen Traditionen der **DICHTER UND DENKER** zu einer neuen Blüte zu verhelfen? Die Möglichkeiten, sich kreativ zu entfalten, waren noch nie zahlreicher.

Dies erfordert aber ein entsprechendes Umdenken, das nicht zuletzt von Seiten der Politik in Bildung, Kultur und Gesetzgebung gefördert werden muss.

POLITISCHER RAHMEN

Die Politik muss den Rahmen dafür schaffen, dass Digitalisierung und digitale Transformation erfolgreich gemeistert werden können. Dies umfasst einerseits die Schaffung und Förderung von Bildung und Kultur. Beides sollte aus den ausgeführten Gründen einen sehr hohen Stellenwert genießen – höher noch, als dies bereits der Fall ist.

Andererseits ist die Politik auch dafür verantwortlich, einen sicheren, aber trotzdem praktikablen regulativen Rahmen zu setzen.

So stehen etwa weite Teile des Bundesdatenschutzgesetzes und der Datenschutzgrundverordnung, des Wettbewerbsrechts oder des Arbeitszeitgesetzes sehr konträr zu dem, was in Bezug auf die Flexibilisierung der Arbeitswelt, die Entfaltung von Innovation und die Entwicklung von datengestützten Geschäftsmodellen notwendig ist. Und in immer stärkerem Maße notwendig sein wird.

Dies bedeutet keineswegs, dass unsere aktuelle Gesetzgebung schlecht oder falsch ist – insbesondere Themen wie Daten- oder Arbeitnehmerschutz haben zu Recht einen sehr hohen Stellenwert und sollten nicht leichtfertig beiseitegeräumt werden.

Man sollte sich jedoch stets vor Augen halten, dass es in einer globalisierten Welt nicht mehr ausreichend ist, nur sich selbst oder die Gegebenheiten im eigenen Land zu betrachten. Wir sehen heute schon, dass globale Konzerne ihren Unternehmenssitz dorthin verlegen, wo sie die besten Rahmenbedingungen vorfinden – sei es aus steuerlichen, rechtlichen oder sonstigen Gründen.

Dies wird in Zukunft in immer höherem Maße der Fall sein und wir sind alle gut beraten, dies nicht einfach nur zu schelten und als anstandslos abzutun, sondern alternative Lösungsvorschläge und Kompromisse zu unterbreiten.

Wichtig ist: Es geht bei der Forderung nach einer Überarbeitung und Aktualisierung der regulativen Rahmenbedingungen nicht um **MEHR FREIHEITEN** für Unternehmen – denn die haben die großen, globalen Konzerne ohnehin schon –, sondern in erster Linie um den Schutz und die Erhaltung des Wirtschaftsstandortes und somit den Erhalt von Arbeitsplätzen.

Nur klare, verständliche, pragmatische und zukunftsweisende Regelungen und Gesetze ermöglichen es auch kleinen und mittelständischen Unternehmen, von den neuen Möglichkeiten der Digitalisierung zu profitieren, ohne sich immer in einer rechtlichen Grauzone zu vermuten. Insbesondere in einem Land wie Deutschland, dessen Rückgrat der Mittelstand stellt, ist dies zwingend notwendig.

DIE DIGITALE ZUKUNFT AKTIV GESTALTEN

Insofern können wir nur jeden anhalten, sich mit den Themen der Digitalisierung und der digitalen Transformation zu befassen und den jeweils eigenen Standort in dieser Entwicklung zu finden.

Dies mag im Detail schwerer sein, als es auf den ersten Blick erscheint. Wie wir gesehen haben, sind sehr viele Wechselwirkungen und Abhängigkeiten zu berücksichtigen. Die Komplexität der Entwicklungen öffnet immer neue Türen und deckt neue Herausforderungen auf.

Es gibt jedoch keine Unterlassungsalternative. Nur, wenn wir uns dieser Themen und ihrer Reichweite bewusst sind und die Herausforderungen gemeinsam angehen, werden wir die digitale Transformation meistern, statt einfach **DIGITALISIERT** zu werden.

So möchten wir das Buch mit zwei Zitaten beenden, die für uns sinnhaft für die Überlegungen zu jedem gesellschaftlichen Wandel stehen.

> **„** DIE ZUKUNFT HAT VIELE NAMEN:
> FÜR SCHWACHE IST SIE DAS UNERREICHBARE,
> FÜR DIE FURCHTSAMEN DAS UNBEKANNTE,
> FÜR DIE MUTIGEN DIE CHANCE."
> Victor Hugo

> **„** DIE ZUKUNFT SOLL MAN
> NICHT VORAUSSEHEN WOLLEN,
> SONDERN MÖGLICH MACHEN."
> Antoine de Saint-Exupéry

LITERATUREMPFEHLUNGEN

Die folgenden Bücher und Quellen sind für eine Vertiefung des Themengebietes sowie eine weitere Öffnung des eigenen Horizontes empfehlenswert:

→ **Dueck: Professionelle Intelligenz –**
Worauf es morgen ankommt
Eichborn Verlag, 2011, ISBN: 978-3821865508

→ **Dueck: Schwarmdumm – So blöd sind wir nur gemeinsam**
Campus Verlag, 2015, ISBN: 978-3442159505

→ **Fuchs, Niederhaus: Digitalisierung braucht Leadership**
Books on Demand, 2016, ISBN: 978-3741288357

→ **Keese: Silicon Germany:**
Wie wir die digitale Transformation schaffen
Albrecht Knaus Verlag, 2016, ISBN: 978-3813507348

→ **Kollmann, Schmidt: Deutschland 4.0 –**
Wie die Digitale Transformation gelingt
Springer Gabler, 2016, ISBN: 978-3658119812

→ **Lüdemann: Transformational Leadership –**
Erfolgreich verändern in herausfordernden Zeiten
Books on Demand, 2019, ISBN 978-3750415713

Folgende Bücher geben einen interessanten Einblick in neue Geschäfts- und Denkmodelle sowie die disruptiven Ansätze digitaler Vordenker:

→ **Gates: Der Weg nach vorn**
Hoffmann und Campe, 1995, ISBN: 978-3455110449

→ **Gates: Digitales Business**
Heyne, 1999, ISBN: 978-3453158597

→ **Kahney: Jony Ive – Das Apple-Design-Genie**
Plassen Verlag, 2014, ISBN: 978-3864702105

→ **Keese: Silicon Valley: Was aus dem mächtigsten Tal der Welt auf uns zukommt**
Albrecht Knaus Verlag, 2014, ISBN: 978-3813505566

→ **Stone: Der Allesverkäufer – Jeff Bezos und das Imperium von Amazon**
Campus Verlag, 2013, ISBN: 978-3593398167

→ **Vance: Wie Elon Musk die Welt verändert – Die Biografie**
FinanzBuch Verlag, 2015, ISBN: 978-3898799065